비정규직

Vita Activa 개념사 10

비정규직

장귀연 지음

책세상

차례

3장 | 비정규직, 무엇이 문제인가

4장 | 비정규직을 둘러싼 논쟁과 현실

5장 | 비정규직, 어떻게 할까

1장

비정규직이란 무엇인가

1

개념의 탄생

비정규직이라는 말을 단 한 번도 들어보지 못한 사람은 매우 드물 것이다. 잠깐 신문을 들춰봐도 비정규직이라는 단어는 곳곳에서 눈에 띈다. 경제면에서는 'OO사, 비정규직 대량 해고'라는 기사가 보이고, 정치면에는 '당정黨政, 비정규직법 개정 제기'라는 기사가 나온다. '비정규직의 차별과 설움'이라는 주제의 기획 기사가 사회면에 단골로 등장하는가 하면, 논설과 칼럼에도 비정규직 문제에 관한 다양한 견해와 주장들이 실리곤 한다. 21세기 한국에서 사는 우리에게 비정규직이란 매우 익숙한 단어임에 틀림없다.

하지만 불과 10여 년 전만 해도 그렇지 않았다. 일반 대중에게는 물론 학자들에게도 비정규직은 낯선 말이었다. 즉 비정규직은 비교적 근래에 만들어지고 쓰이기 시작한 새로운 개념에 속한다. 이는 꽤 의미심장하다. 새로운 말, 새로운 개념이 생겨났다는 것은 사회가 변화하며 새로운 현상이 나타났다는 것을 뜻

동서양을 막론하고 옛날부터 많은 사상가들이 '하늘 (자연 또는 절대자)의 당연한 순리'라는 관념으로 상식적인 올바름을 옹호했는데, 그런 생각 안에서 인간의 자연적인 권리라는 인권 개념의 싹을 찾아볼 수 있다. 그러나 인권이 '사회가 모든 사람에게 평등하게 보장해주어야 하는 권리'로서 생각되게 된 것은 근대 시민권 사상이 발전하면서부터이다. 고대 자연법 사상과 근대 시민권의 인권 개념에 대해서는 Vita Activa 개념사 시리즈의 《인권》에 더 자세히 설명되어 있다.

하기 때문이다.

개념이란 복잡한 사회 현상과 구조를 추상화해서 좀 더 명확히 파악할 수 있게 해주는 언어적 도구다. 새로운 것이 출현하면 새로운 현상과 새로운 개념이 만들어진다. 인터넷이 없던 시대에는 당연히 '인터넷 중독'이라는 현상과 개념도 없었을 것이다. 또 설사 예전부터 존재하던 말이더라도 그것의 사회적 의미와 중요성이 달라지면 새로운 말로 다시 태어나기도 한다. 예를 들어 인권이라는 말에 해당하는 생각이나 관념이 먼 옛날인 고대나 봉건 시대에 전혀 없었다고는 할 수 없다. 그러나 이것이 인권이라는 구체적인 단어로 개념화된 것은 근대적인 사회 구조와 사상이 형성되면서였다. 즉 개념이 만들어졌다는 사실 자체가 중요한 사회적 변화가 있었음을 나타낸다.

비정규직이라는 개념의 탄생도 마찬가지다. 알다시피 이것은 일자리와 관련된 용어인데, 사실 우리가 지금 비정규직이라고 부르는 방식의 일자리가 예전에 전혀 없었던 것은 아니다. 하지만 그때는 이러한 일자리들을 비정규직이라는 말로 개념화하지는 않았었다. 그런 개념이 없었다는 것은 그만큼 그런 일자리가 사회적으로 중요하게 생각되지 않았다는 것을 뜻한다. 하지만 지금은 비정규직이라는 말이 생겨났을 뿐 아니라, 일반 대중도 이 단어를 흔히 사용하고 있으며, 정치권이나 학계에서는 비정규직 문제를 가지고 논쟁을 벌이고 있다. 즉 10여 년 전에는 비정규직이

2008년 8월에 열린 '비정규직 철폐를 위한 만인행동, 만인선언' 촛불 문화제 © 민중언론 참세상

비정규직이라는 개념에 대해서 얘기하는 것은 우리 사회의 중요한 변화를 추구하는 것이기도 하다. 비정규직이라는 작은 창을 통해서 우리가 살고 있는 세상이 움직이는 모습을 관찰할 수 있는 것이다.

불과 10여 년 전만 해도 일반 대중에게는 물론 학자들에게도 비정규직은 낯선 말이었다. 즉 비정규직은 비교적 근래에 만들어지고 쓰이기 시작한 새로운 개념에 속한다. 새로운 말, 새로운 개념이 생겨났다는 것은 사회가 변화하며 새로운 현상이 나타났다는 것을 뜻한다.

그다지 중요한 의미를 띠지 않았지만, 지금은 이것이 매우 보편적이고 중요한 현상이 된 것이다. 우리가 10여 년 전에는 없었던 비정규직이라는 말을 지금 흔히 쓰고 있다는 것은 우리가 사회의 새로운 변화 과정을 목도하고 있다는 뜻이기도 하다.

따라서 비정규직이라는 개념에 대해서 얘기하는 것은 우리 사회의 중요한 변화를 추적하는 것이기도 하다. 비정규직이라는 작은 창을 통해서 우리가 살고 있는 세상이 움직이는 모습을 관찰할 수 있는 것이다. 비정규직이란 무엇을 가리키는 말인가? 왜 비정규직이라는 현상이 최근 들어 주목받게 되었을까? 비정규직을 둘러싸고 어떤 논쟁이 벌어지고 있는 것일까? 이 질문들에 답하는 과정에서 우리는 현재 우리가 몸담고 있는 세상을 더 잘 이해할 수 있게 될 것이다.

2

비정규직의 유형

    다른 것을 애기하기에 앞서 비정규직이 무엇인지부터 규정하고 넘어가는 것이 순서라고 생각한다. 하지만 비정규직이 무엇이라고 한 문장으로 정의하기는 녹록지 않다. 글자 그대로 보면 '비정규직'은 '정규직'이라는 단어에 '아닐 비非'자가 붙은 것으로 정규직이 아니라는 뜻이다. 하지만 알고 보면 정규직이라는 단어도 원래 있던 말이라기보다는 오히려 비정규직 문제가 떠오르면서 그것과의 비교를 위해 쓰이기 시작한 말이다. 그러니까 정규직을 가지고 비정규직을 정의할 수도 없다.

    학술적으로도 비정규직이라는 말은 엄격하게 정의된 용어가 아니다. 새로운 개념이 만들어질 때 으레 그렇듯이, 이 말이 적절한지에 대한 논란도 많았다. '비정규'라는 말보다 '비정형'이나 '비전형'이라는 말이 더 정확하다는 주장도 있었고, 학자에 따라서는 이 세 용어를 구분하거나 혼용하기도 했다. 외국의 경우에도 사정은 비슷해서, irregular, nonstandard, atypical, insecure 등

한국에서 쓰이는 '비정규'라는 단어의 글자 그대로의 뜻과 가장 가까운 영어 단어는 irregular이지만, 실제로 영어권에서는 atypical이나 nonstandard라는 단어가 더 널리 쓰인다. 이는 '비전형' 또는 '비정형'으로 번역된다. 한국에서도 실제로 비정규직이라는 말이 지칭하는 것이 전형적인 고용 형태가 아닌 일자리 모두라는 점에서 '비전형'이라는 용어가 더 정확하다는 주장이 있는데 일리가 있다고 생각한다. 하지만 이미 비정규직이라는 말이 널리 사용되고 있으므로 이 책에서는 이 말을 사용하기로 한다. insecure는 일자리의 불안정성을 강조할 때 주로 쓰이며, 한국에서는 '불안정 고용' 또는 '불안정 노동'으로 번역된다.

다양한 형용사가 비정규직 일자리를 수식하고 있다.

하지만 아주 특별한 학문적 연구가 아니라면, 일상적으로 쓰이는 용어를 군이 엄격하게 정의하면서 생소한 용어로 대체할 필요는 없다. 언어는 사회의 산물이다. 사람들이 사용하기 시작하면 새로운 단어가 생겨나고 정착하는 것이며, 시간이 지나면서 한 단어의 의미가 풍부해지거나 바뀌기도 한다. 이제는 비정규직이라는 말이 대중적으로 쓰이고 있으니 그 말을 사용해도 무방할 것이다. 사실 비정규직이라는 개념을 군이 딱 부러지게 정의하지 않아도 우리는 이미 대강 그 뜻을 알고 있다. 평소에 쓰는 단어들의 뜻을 일일이 국어사전에서 찾아보지 않아도 아는 것처럼 말이다.

우선 비정규직은 일자리의 문제다. 우리가 돈을 벌기 위해 필요로 하는 일자리의 조건에 따라서 정규직과 비정규직이 갈리는 것이다. 우리가 보통 비정규직이라고 부르는 일자리들이 있다. 계약직, 임시직, 파트타임, 파견직, 용역직 등이 그것이다. 말하자면 우리는 이런 일자리들은 정규직과는 다른 특성을 갖고 있다고 인식하고 있는 것이다. 어떤 점에서 다르기에 우리는 이것들을 비정규직이라는 말로 부르는 것일까? 비정규직이라는 용어를 한 문장으로 정의하기보다는, 우리의 일상 용법에 따라 그 유형들을 상세히 살펴보는 편이 비정규직을 이해하는 데 더 도움이 될 듯하다.

기간제 : 일용직, 임시직, 계약직

정규직과 비정규직을 나누는 기준 중 하나는 고용 계약 기간이다. 일반적으로 회사에 '정식으로' 취직을 할 때는 언제까지 그 회사에서 일한다는 기간을 정해놓지 않는다. 그러므로 그 직원은 특별한 사정으로 인해 스스로 회사를 그만두거나 해고를 당하지 않는 한 그 회사를 계속 다닐 것이라고 생각할 수 있다. 이러한 고용 형태를 법률 용어로는 '기간의 정함이 없는 고용'이라고 한다.

　반면에 비정규직은 회사에서 일하는 기간이 한정되어 있는 일자리들이다. 일용직, 임시직, 계약직이라고 불리는 일자리들이 이렇게 일하는 기간을 정해놓은 기간제 비정규직에 속한다.

페르낭 레제, 〈건설
인부들〉(1950)

　일용직이란 고용 계약 기간이 매우 짧거나 극단적으로는 단 하루에 지나지 않는 일자리를 말한다. 건설 현장의 일용 노동자들은 아침에 일하러 나가서 저녁때 일당을 받으면 고용 계약이 끝나는 것으로 간주된다. 다음 날 또 나가서 일하면 그날 하루에 대해 다시 고용 계약이 시작되는 셈이다. 건설 산업에서는 정해진 일이 계속 있는 것이 아니라 공사가 끝날 때까지만 있고 또 날씨에 따라 일하는 날이 불규칙해지기 때문에 이런

고용 통계

통계청의 고용 통계는 고용 유형을 고용 기간에 따라
상용직, 임시직, 일용직으로 분류한다. 상용직은 고
용 기간이 1년 이상, 임시직은 1개월~1년, 일용직은
1개월 이하다. 여기서는 통계청 분류 기준이 아니라
일반적인 어법에 따라 임시직, 일용직 등을 규정했다.

일용직 고용이 많이 이루어지고 있다.

임시직은 말 그대로 몇 달 동안만 임시로 일하도록 정해져 있
는 일자리다. 이런 임시직이 필요한 경우들이 있다. 예를 들어
정직원이 출산 휴가 등으로 일정 기간 자리를 비우게 되면 그가
복귀할 때까지 그 일을 대신할 사람이 필요하다. 또 스키장 같
은 사업은 다른 계절에는 한가하지만 겨울 동안에는 일이 급증
하기 때문에 겨울 몇 달간은 일할 사람들을 임시로 더 많이 고용
해야 한다.

또 요즘 계약직이라는 말을 많이 쓴다. 고용 통계 분류에는 포
함되지 않는 고용 유형인 계약직은 임시라고 하기는 어렵지만
고용 계약 기간이 1년 또는 2년으로 정해져 있는 일자리다. 임
시직처럼 정규직을 잠시 대신하거나 일시적으로 필요한 일을 하
는 경우 외에, 해야 하는 일 자체가 기간이 한정된 업무인 경우
가 있다. 기업 내에서 기업 전산망을 구축하는 일이나 특정한 연
구·개발 사업이 필요해졌다고 해보자. 이 일은 1년 또는 2년이
걸리는 일이지만, 일단 완료되면 그 기업에서 계속 수행할 필요
는 없는 일이다. 따라서 기업은 이 일을 맡을 사람들을 1년 또는
2년 계약으로 채용하는 것이다.

이렇게 앞의 예들처럼 고용 기간을 정해놓을 필요가 있는 경
우들이 있다. 일정 기간 동안 정직원을 대신해 일할 사람이 픽
요한 경우, 일시적으로 업무량이 급증하는 경우, 늘 있는 업무가

아니라 한번 끝나면 더 이상 계속되지 않을 업무를 수행해야 하는 경우, 불규칙한 일을 수행해야 하는 경우 등이 그렇다. 이런 경우에는 예전부터 임시직이나 일용직이 채용되었다.

하지만 지금은 특별히 기간을 정해놓을 이유가 없는 항시적이고 핵심적인 업무에서도 기간제 비정규직 채용이 이루어지고 있다. 예를 들어 마트의 판매원, 학교의 교사, 은행의 창구 직원을 생각해보자. 이들은 각각의 직장에서 가장 핵심적인 일을 하는 사람들이다. 물건을 파는 마트에서는 당연히 판매하는 일이 가장 중요하고, 학교에서는 말할 것도 없이 학생을 가르치는 일이 가장 중요하며, 은행에서는 창구 직원이 꼭 필요하다. 따라서 예전에는 이런 일을 하는 사람들을 정규직으로 뽑는 것이 당연하다고 생각되었다. 어차피 항상 그 업무와 그 일을 할 사람이 필요하기 때문이다. 하지만 지금은 다르다. 기업의 항시적이고 핵심적인 업무를 담당하는 사람들도 일부만 정규직에 속하고 나머지는 고용 기간이 정해진 기간제 비정규직으로 고용돼 있다. 많은 기간제 비정규직 노동자들이 정규직 직원과 함께 일하고 있는 것이다.

사실 기간제 비정규직은 한국에서 가장 대표적인 비정규직 유형으로, 부문과 업종을 막론하고 널리 퍼져 있다. 다른 비정규직 유형도 기간제 비정규직을 겸하는 경우가 많기 때문에, 비정규직의 90퍼센트 이상이 고용 계약 기간이 제한돼 있다. 나중에

정규직으로 전환해주는 한이 있더라도 일단 계약직으로 인력을 채용하는 것이 요즘 기업들의 채용 풍조처럼 보일 정도다. 그래서 비정규직이 크게 확산되고 사회 문제로 부상하게 된 것이다.

시간제(파트타임)

정규직과 비정규직을 나누는 또 다른 기준은 전일제full-time냐 시간제part-time냐 하는 것이다. 보통 취직을 하면 법정 근로 시간의 기준에 따라 출근과 퇴근을 하고 정해진 월급을 받는다. 하지만 단시간 시간제 일자리는 하루 노동 시간이 이런 통상적인 노동 시간보다 짧으며, 임금은 일한 시간에 비례해 시급제로 지불된다. 보통 파트타임이라고 불리는 이런 일을 우리는 대개 부업이나 '아르바이트'로 간주하고 정식 일자리로 생각하지 않는다. 말하자면 비정규직인 것이다.

기업의 입장에서 보면, 하루의 짧은 시간 동안만 일하게 하는 시간제 고용은 하루의 시간대에 따라 일의 양적 변동이 큰 사업에서 주로 필요하다. 스키장같이 계절에 따라 일의 양적 변동이 심한 사업에서 임시직 고용이 많은 것과 비슷한 맥락이다. 예를 들어 외식 산업이라면 식사 시간에 일손이 훨씬 많이 필요하므로 이 시간대에만 일할 사람들을 파트타임으로 고용하는 것이다.

또 구직자들의 입장에서 보면, 학업이나 가사 때문에 하루 종일 일하기 어려운 학생들이나 주부들이 이런 파트타임 일자리를 선호한다. 그래서 다른 비정규직 유형과 달리 이 단시간 시간제 비정규직은 노동자들이 자발적으로 선택하는 경우가 많다.

그런데 요즘은 꼭 하루 일의 양적 변동이 심하지 않은 부문에서도 단시간 시간제 고용이 늘어나고 있다. 즉 하루에 여덟 시간 일하는 전일제 직원 한 명을 고용하는 대신에 하루에 네 시간씩 일하는 단시간 시간제 직원 두 명을 고용하는 것이다.

파트타임 고용이 늘어나는 것은 여성과 젊은 층의 경제 활동 참여가 증가했기 때문이라고 보통 이야기된다. 또한 경제적으로 풍요롭고 사회 보장이 잘되어 있는 나라들에서는 돈을 조금 벌더라도 일을 적게 하면서 시간적으로 여유 있게 살고자 하는 사람들이 생겨나기 때문에, 서유럽과 같은 지역에서는 비정규직 중에서도 특히 이 파트타임 유형의 노동자들이 가장 급격하게 증가하고 있다.

한국은 아직 서유럽과 같은 단계는 아니다. 여러 조사를 보면 한국에서는 '자발적 선택'에 의한 파트타임 노동자가 서유럽에 비해 별로 많지 않은 것으로 나타난다. 즉 노동자 스스로 원해서가 아니라 파트타임 일자리밖에 구할 수가 없어서 파트타임 일을 하는 경우가 적지 않다는 것이다.

고용 관계와 사용 관계
고용 관계는 노동자와 그의 노동에 대해 임금을 지불
하는 자의 관계이고, 사용 관계는 노동자와 그의 일을
지휘하거나 감독하는 자의 관계이다.

IMF 경제 위기
1997년 말 한국이 외환 위기를 맞아 국제통화기금
(IMF)의 구제 금융을 받은 일을 일반적으로 이렇게
부른다. 이때 정리해고제가 도입되었고 대량 해고, 실
직 사태가 발생했다. 그 후 기업들은 경제 상황에 따
라 신속히 구조 조정을 할 태세를 갖추려 했고, 이 때
문에 해고가 쉬운 비정규직을 늘렸다.

간접 고용 : 파견, 도급, 용역, 사내 하청

비정규직의 세 번째 유형은 간접 고용으로서 고용 관계와 사용
관계가 일치하지 않는 경우다. 즉 고용을 한 기업과 일을 시키는
기업이 다른 것이다.

두 기업이 계약을 맺어서 A기업의 일에 필요한 인력을 B기업
이 고용해 보내주는 경우가 있다. 이때 실제로 일을 시키는 A기
업의 입장에서는 자기 회사가 직접 고용하지 않은 사람들에게
일을 시키는 것이 되고, 그래서 이를 간접 고용이라고 부른다.

파견직이 바로 이런 경우로, 자기가 소속된 회사에서 일하는
것이 아니라 다른 회사에 파견되어 일하는 것이다. 한국에서는
1998년에 근로자파견법이 만들어졌다. 그 전
에는 근로자 파견이 엄격하게 금지되어 있었는
데, 당시 IMF 경제 위기로 기업들이 도산하고
고용이 감소하자 이런 간접 고용 방식이 허용
되기에 이르렀던 것이다.

그런데 왜 이런 간접 고용이 문제가 될까? 일
반적인 경우라면, 즉 정규직이라면, 직장에 다
닌다는 것은 한 회사에 직원으로 채용되어(고용
관계) 그 회사가 시키는 일을 그 회사의 지시나
감독 아래에서 하는(사용 관계) 것을 의미한다.

2007년 4월에
열린 '용역·도급
노동자 노동 실태와
노동 기본권 보장을
위한 제도 개선 방안
토론회' 포스터

도급

도급은 근로자 파견과 달리 노동 관련 법이 아니라 민법에 의해 규정된다. 즉 도급은 두 기업 사이에서 이루어지는 민사상의 계약이며 노동법의 적용을 받지 않는다. 따라서 근로자 파견 계약이 아니라 도급 계약의 형식을 취하면 파견법의 규제를 피해 갈 수 있는 것이다.

이때 회사는 이 직원에 대해 고용주이자 사용주가 되는데, 이는 회사가 직원에게 일을 시키는 만큼 임금을 주며 일을 시키는 과정에서 발생하는 문제들에 대해서도 책임을 진다는 뜻이다. 그런데 고용주와 사용주가 다르면 책임 소재가 불명확해지면서 노동자가 부당한 대우를 받을 가능성이 커진다(이에 대해서는 3장에서 자세히 보기로 하자). 그래서 근로자 파견은 오랫동안 금지돼 왔고, 1998년 합법화된 후에도 파견 허용 업종이 한정돼 있다.

하지만 파견 가능 업종이 아니더라도 파견과 비슷한 방식을 취할 수가 있는데, 용역이나 도급이라는 것이 있기 때문이다. 도급 계약이란 원래 일을 맡기고 돈을 지불해 결과를 수령하는 방식의 민법 계약이다. 예컨대 A기업이 자기 회사에서 필요한 일 중 일부를 도급 계약으로 B기업에 맡길 수 있고, B기업은 계약상 맡은 그 일을 완성해 A기업에 가져다주면 된다. B기업이 그 일을 어떤 방식으로 하는지, 자기가 고용한 노동자들을 어떻게 관리하는지는 A기업이 상관할 바가 아니다. 그러나 B기업이 고용한 노동자들이 일을 하는 장소가 A기업 안이라면? 이런 상황은 종종 벌어진다. 어쨌든 그 일이라는 것이 A기업이 필요로 하는 일이기 때문이다. 원칙적으로 따지면 B기업 직원들이 하는 일에 A기업이 상관해서는 안 되겠지만, 어차피 자기네 회사 일이 눈에 뻔히 보이는 곳에서 진행되고 있는데도 그것을 모른 척하기란 쉽지 않다. 그렇기 때문에 A기업의 관리자가 B기업의 직원들에게 이러쿵저러쿵 지시를 하게 되는 것이다. 결과적으로 파견과 비슷하게 A기업이 B기업의 직원을 간접 고용한 형국이 되어버린다.

예를 들어 공장의 생산직에서도 사내 하청이라는 이름으로 이와 비슷한 상황이 벌어진다. 같은 공장의 같은 컨베이어 벨트 라인에서 정규직 직원과 사내 하청 직원이 섞여서 일을 하게 되는 것이다. 즉 A기업 공장 내에서 나란히 함께 서서 같은 일을 하지만, 어떤 사람은 이 A기업의 직원이고 그 옆의 사람은 전혀 다른 B기업의 직원이다. 그런데 생산직은 파견이 금지되어 있는 업종이기 때문에 형식적으로는 노동자 파견이 아니라 A기업이 B기업에게 도급을 준 것으로 처리된다. 하지만 같은 공간에서 같은 일을 함께 하는데 A기업 직원이 하는 일과 B기업 직원이 하는 일을 구분할 수도 없으며, 그것이 A기업의 일인 이상 어떤 일을 어떻게 할 것인가는 당연히 A기업이 결정을 한다. 이런 경우들은 법적으로는 도급 계약이지만 실제로는 파견을 한 것과 마찬가지이기 때문에 위장 도급이니 불법 파견이니 하는 논쟁을 낳고 있다.

특수 고용 : 프리랜서, 개인 사업자

마지막으로 특수 고용 유형이 있다. 특수 고용을 이해하기 위해서 간단한 질문을 해보자. 한 사람이 어떤 기업의 일을 하면서 돈을 받는다면 이것은 어떤 관계일까? 가장 일반적으로는 이 사람이 그 기업에 취직해 있고 그 기업이 이 사람을 직원으로 고용하고 있다고 생각할 수 있다. 물론 맞는 말이다. 하지만 그렇지 않은 경우도 있는데, 이 사람이 개인 사업자로서 기업과 계약을 하고 일을 맡은 경우가 그렇다. 특수 고용은 이렇게 개인이 사업자 대 사업자로 기업과 계약을 체결한 경우이다. 이때 기업은 이 사람을 고용한 것이 아니므로 고용주와 사용주의 책임을 지지 않는다.

그런데 이것을 왜 비정규직이라고 할까? 비정규직이란 취직했을 때의 일자리의 조건을 가리키는 말이 아니던가? 고용된 사람이 아니라 개인 사업자라면 비정규직이라고 할 수 없는 것이 아닐까? 사실 기업과 계약을 하는 개인 사업자 모두가 특수 고용 비정규직이라고 할 수는 없다. 분명 동등하게 사업자 대 사업자로서 계약을 하는 경우들도 있기 때문이다. 그러나 실질적으로는 개인 사업자가 고용된 것이나 다름없이 기업의 감독을 받아가며 기업의 지시대로 일해야 하는데도 형식상으로는 사업자끼리의 계약으로 되어 있는 경우들도 있다. 실제로는 고용 관계이지만 형식적으로 위장을 한 것이다.

예를 들어보자. 나는 이 책을 쓰면서 출판사와 계약을 했다. 원고를 써주고 돈을 받기로 한 것이다. 하지만 내가 이 원고를 밤에 쓰든 낮에 쓰든 주말에 쓰든 출판사가 상관하지 않는다. 원고의 내용에 있어서도, 편집과 교정 과정에서 협의는 하겠지만, 일단 내 맘대로 써도 된다. 나는 완성된 원고만 넘겨주면 되는 것이지, 일하는 과정에서 출판사의 지시와 감독을 받지는 않는 것이다. 만약 완성된 원고의 내용과 관련해 출판사와 영 합의가 이루어지지 않고 서로 만족하지 못한다면, 나는 계약을 파기한 뒤 원고를 들고 다른 출판사를 찾아볼 수도 있다. 이 경우는 내가 출판사라는 기업과 개인 사업자로서 계약을 한 것이라고 볼 수 있다. 이런 개인 사업자를 흔히 프리랜서라고 부른다.

　　그러나 방송 대본을 쓰는 일을 생각해보자. 방송 작가는 방송사에 가서 방송사 직원들과 방송 내용에 대해 계속 회의를 해가며 대본을 써야 한다. 원고를 낮에 쓰건 밤에 쓰건 관계없다고도 할 수 없다. 방송과 회의 스케줄이 빡빡하게 짜여 있기 때문이다. 대본의 내용도 제약을 받는다. 드라마처럼 작가의 자율성이 보장된 분야도 있지만, 방송사가 정해놓은 구체적인 콘셉트에 따라 대본의 칸만 채워 넣어야 하는 경우도 있다. 또 방송사와의 계약이 파기될 경우, 써놓은 대본을 다른 데에 써먹을 수도 없다. 이 같은 상황이라면 방송 작가는 방송사의 직원이나 다름없다고 봐두 되지 않을까? 실제로 예전에는 방송사가 이런 방송 작가들을 직원

한 20대 방송 작가가 열악한 근무 환경과 업무에 쫓겨 자살을 택한 SBS 목동 사옥의 모습

으로 채용했었다. 하지만 요즘엔 방송 작가가 개인 사업자로 등록되어 방송사와 사업자 간 계약을 맺고 있다.

이렇게 실제로는 고용된 직원이나 다름없는데 형식상 개인 사업자나 프리랜서로 되어 있는 경우를 특수 고용이라고 한다. 이를 분별하는 중요한 기준은, 앞서 본 도급의 경우와 마찬가지로, 실제로 일하는 과정에서 기업의 감독과 지시를 받는지 여부이다. 개인 사업자가 알아서 일을 하고 완성된 결과물만 넘겨주는 경우라면 기업을 사용주로 보기 어려울 것이다. 하지만 자율적으로 다른 일을 할 여지가 없이 기업의 지시와 감독을 따라야 하는 개인 사업자라면, 실질적으로 기업과 사용 관계에 있다고 보아 특수 고용 비정규직으로 간주한다.

화물 트럭 기사 같은 운송 기사, 방문 설치·AS 기사, 골프장 캐디, 학습지 교사 등이 이런 특수 고용 비정규직에 속한다. 이들은 출근하는 시간이 정해져 있고 회사가 지시하는 일감과 일정에 따라 움직인다. 그런데도 이 회사의 직원이 아니라 이 회사와 사업자 대 사업자 계약을 맺은 개인 사업자인 것이다. 사실 앞에서 예로 든 직종들도 옛날에는 모두 기업이 직접 고용했었지만, 근래 10여 년 동안에 고용 방식이 이처럼 바뀌었다. 이처럼 과거에 정규직에 속했던 많은 직종들이 특수 고용으로 전환된 것도 비정규직의 확산과 궤를 같이한다.

3

규모와 기준

지금까지 비정규직의 여러 유형들을 통해 비정규직이란 이러저러한 것임을 살펴보았다. 그런데 비정규직에 대한 기사들을 읽다 보면 헷갈리는 것이 있다. 어떤 연구소는 한국에서 비정규직이 전체 임금 노동자의 50퍼센트를 넘는다고 하고, 어떤 정부 기관은 이 비율을 30퍼센트대로 보기도 한다. 30퍼센트대와 50퍼센트대는 무시할 수 없을 만큼 큰 차이다. 왜 이런 차이가 생기는 것일까? 아직 비정규직이 얼마나 되는지에 대해 공식 통계가 나오지 않고 있는 것일까?

사실 정확한 통계가 없는 것은 아니다. 비정규직 문제가 사회적으로 부각되기 시작하자, 통계청은 정기적으로 해오던 경제활동인구조사 외에 2000년부터 매년 경제활동인구부가조사를 실시해 고용 형태에 대한 다양한 통계를 내고 있다. 모든 연구 기관이나 정부 기관이 발표하는 비정규직 통계는 이 조사에 근거한다. 그렇다면 같은 자료를 가지고 규모를 추산하는데도 이렇

경제활동인구조사

통계청에서 국민들의 경제 활동 여부와 유형을 파악하기 위해 1963년부터 매월 표본 조사로 실시하고 있다. 성별, 연령별, 교육 수준별로 경제 활동 인구의 규모, 자영업/근로자의 수와 비율, 실업률 등을 발표한다.

경제활동인구부가조사

경제활동인구조사와 별도로 특정한 주제에 대해 국민들의 경제 활동을 더 자세히 조사한다. 비정규직 확산이 문제시되자, 2000년부터 통계청은 원래 경제활동인구조사에서 하던 임금 노동자의 종사상 지위(상용직/임시직/일용직)뿐 아니라 더 다양한 고용 형태에 대해 질문하는 표본 조사를 실시하고 있다.

게 큰 차이가 나는 이유는 무엇일까?

통계청은 다양한 고용 형태를 분별한 조사 자료를 제공하지만, '그중에서 어디까지를 비정규직으로 볼 것인가' 하는 기준은 기관마다 다르기 때문이다. 물론 앞서 본 대로 기간제, 시간제, 간접 고용, 특수 고용 일자리를 비정규직에 포함시키는 것에는 이의가 없다. 하지만 현실에서 이 기준에 딱 들어맞지 않고 애매모호한 경우가 많은 것이 문제다.

가장 논란이 되는 사례들은 일용직과 임시직에서 발생한다. 짧은 기간 동안 일할 사람을 고용할 때 고용 계약 기간을 명시하지 않거나 심지어 근로 계약서를 작성하지 않는 경우도 많기 때문이다. 특히 형식적인 것에 그다지 신경을 쓰지 않는 작은 업체들에서 더 그렇다. 예를 들어 일용직 단순 노무가 현실에서 어떻게 이루어지는지 생각해보자. 노무자는 하루 일을 하고 일당을 받으면 그걸로 끝이다. 일거리가 남아 있으면 다음 날 또 나와서 일을 하고, 일거리가 없거나 내일은 나오지 말라는 언급이 있으면 더 이상 일을 할 수 없다. 하루짜리 고용인 셈이다. 이런 하루짜리 고용 계약을 위해 매일 아침 근로 계약서를 쓰는 경우는 거의 없다.

일용직과 임시직 중에는 이런 식으로 명확한 기간을 정해놓지 않은 채, 일거리가 떨어지거나 줄어들면 고용이 끝나고 일거리가 있으면 고용이 계속되는 방식으로 일하는 경우들이 적지 않

일부 일용직이나 임시직은 고용 계약 기간이 명시적으로 정해져 있는 '기간제'라고 보기 어려운 면이 있다. 그렇다고 고용이 보장되는 '정규직'이라고 보기도 어렵다. 이런 일자리를 비정규직으로 보느냐 마느냐에 따라 비정규직의 비율은 더 높아지기도 하고 낮아지기도 한다.

다. 따라서 이러한 일부 일용직이나 임시직은 고용 계약 기간이 명시적으로 정해져 있는 '기간제'라고 보기 어려운 면이 있다. 그렇다고 고용이 보장되는 '정규직'이라고 보기도 어렵다. 이런 성격의 일자리를 비정규직에 속하는 것으로 볼 것이냐 말 것이냐에 따라 비정규직의 비율은 30퍼센트대가 되기도 하고 50퍼센트대가 되기도 하는 것이다.

이렇게 애매한 경우들을 비정규직에 포함시키는 쪽과 정규직에 포함시키는 쪽은 사실 각각 숨은 의도를 갖고 있다. 노동계는 이런 경우들을 비정규직에 포함시킨다. 그러면 전체 임금 노동자 중 비정규직의 비율이 50퍼센트를 넘게 되는데, 노동계는 이렇게 비정규직이 많다는 것을 강조함으로써 비정규직 문제의 심각성을 강조하고자 하는 것이다. 반대로 정부 기관은 가능한 한 이들을 비정규직에서 제외해 비정규직 비율을 30퍼센트대로 낮추려고 한다. 그래야 비정규직이라는 사회 문제의 심각성을 감추면서 나라가 잘 돌아가고 있다는 인상을 줄 수 있기 때문이다.

단순히 비정규직의 수적 규모가 얼마나 되는가 하는 것 자체가 문제는 아니다. 쉽게 예상할 수 있듯이, 작은 업체에서 명확한 계약도 없이 일하는 사람들은 임금이 낮고 여러 노동 복지 제도의 적용을 받지 못하며 법적 보호를 받기도 어렵다. 여러 통계 자료를 통해서도 이런 사람들은 계약직이나 간접 고용, 특수 고용과 같은 명백한 비정규직보다 오히려 더 열악한 노동 조건 아

사회적 양극화
사회적 계층 구조가 중간층이 없고 격차가 심한 상층
과 하층으로 이분화되는 것을 말한다. 이에 대해서는
3장에서 더 자세히 이야기할 것이다.

래에서 일한다는 것을 알 수 있다. 따라서 이렇게 노동 조건이
열악한 일용직이나 임시직을 정규직 쪽에 집어넣으면 정규직과
비정규직 사이의 임금 및 노동 복지 격차가 줄어들게 되고, 반대
로 비정규직에 집어넣으면 이 격차가 커지게 된다. 그렇기 때문
에 빈곤이나 사회적 양극화 문제를 강조하려는 노동계 등에서
는 이들을 비정규직으로 분류하고, 그 문제를 무마하고 싶어 하
는 쪽에서는 이들을 정규직으로 분류하는 것이다.

　보통 우리가 정규직을 고용 및 여러 노동 조건에 있어서 보호
받는 일자리로 여긴다는 점을 고려하면, 이렇게 열악한 조건의
일자리를 정규직에 집어넣는 것은 적합하지 않아 보인다. 그렇
다고 해서 이를 비교적 새로운 개념인 비정규직에 포함시키는
것도 적절하지 않은 측면이 있는데, 이런 일자리들은 근래의 비
정규직화 현상에 따라 생겨난 것이 아니라 옛날부터 전통적으
로 존재해온 것이기 때문이다. 아니, 오히려 기업 규모가 작고
노동 관련 제도가 잘 정비되어 있지 않았던 과거에 이런 일자리
가 훨씬 더 많았다고도 할 수 있다.

　그러므로 정규직과 비정규직이라는 이
분법보다는 노사정위원회가 제시한 삼분
법이 더 적절할 수 있다. 즉 정규직과 비정
규직 외에 취약 노동자층을 두어, 이렇게
분류가 애매하면서 열악한 조건에서 일하

경제사회발전
노사정위원회 로고

30

정규직과 비정규직이라는 이분법보다는 정규직과 비정규직 외에 이렇게 분류가 애매하면서 열악한 조건에서 일하는 노동자들을 따로 취약 노동자층으로 구분하는 것이 더 적절할 수 있다. 취약 노동자층은 사회와 경제가 발전하지 못한 옛 시대의 유산이라고도 할 수 있다.

는 노동자들을 따로 취약 노동자층으로 구분하는 것이다. 취약 노동자층은 사회와 경제가 발전하지 못한 옛 시대에서부터 내려온 유산이라고도 할 수 있다. 반면에, 앞에서 말한 바와 같은 비정규직(고용 계약 기간이 명시적으로 정해져 있는 기간제, 단시간 시간제, 간접 고용, 특수 고용)은 비교적 근래에 급격히 확산된 고용 형식이다. 오히려 자본주의가 고도화되면서 나타난 고용 형식인 것이다. 따라서 이러한 새로운 고용 형식이 의미하는 바와 그 대처 방안에 대해서 이제 논의를 시작해보겠다.

노동자

넓은 의미에서 노동자는 말 그대로 '일을 해서 살아가는 사람'을 가리킨다. 즉 살아가
는 데 필요한 소득을 스스로 일을 해서 버는 사람이 노동자다. 회사에 다니는 직장인,
농사짓는 농부, 가게를 운영하는 자영 상인, 의사나 예술가 같은 자율적인 전문 직업
인 등 일을 해서 살아가는 이들은 모두 노동자라고 할 수 있다. 그런데 일을 해서 먹
고살지 않는 사람도 있을까? 있다. 자기 소유의 건물을 임대해 나오는 돈으로 먹고사
는 사람도 있고, 금융 상품에 투자해 나오는 이익으로 먹고사는 사람도 있다. 이런 사
람들은 일을 해서 번 소득이 아니라 자산에서 나오는 소득으로 살아가는 것이므로 노
동자라고 볼 수 없다.

그런데 노동자라는 말을 좁은 의미로 쓸 때는, 넓은 의미의 노동자들 중에서도 임금
노동자를 가리킨다. 어딘가에 고용되어 임금을 받아 살아가는 사람, 말하자면 직장인
이다. 일반적으로 노동자라고 하면 이렇게 임금 노동자를 가리키는 경우가 더 많다.
이때 노동자란 임금 노동자의 준말이라고 생각하면 된다.

노동을 해서 살아가는 여러 유형의 사람들 중에서 특히 임금 노동자가 노동자라는 말
로 대표되는 것은 현대 산업 사회에서는 직장에 취직해 돈을 버는 사람들이 많아서이
기도 하지만 다른 이유도 있다. 임금 노동자가 가장 순수하게 자신의 '노동만으로' 살
아가는 경우로 보이기 때문이다. 농부나 상인은 자신의 노동 외에도 땅이나 점포 · 물
건 같은 자산 또한 가지고 있다고 할 수 있지만, 임금 노동자가 가진 것은 오직 노동
뿐이다. 그래서 다른 유형의 노동자들과 달리 임금 노동자는 어딘가에 고용되어 노동
을 하지 않으면 전혀 소득을 얻을 수 없다. 이러한 상황은 노동자의 입지를 취약하게
만들어, 노동자는 고용주가 시키는 대로 일을 할 수밖에 없게 된다. 즉 농부와 상인은
일하는 시간과 정도를 자율적으로 조절할 수 있지만, 직장인은 정해진 출퇴근 시간을
지켜가며 고용주의 지시에 따라 일해야 하는 것이다.

그러나 복잡한 현대 사회에서는 임금 노동자를 단지 형식적인 고용 여부에 따라 좁게 규정해서는 안 될 것이다. 특수 고용의 예에서 볼 수 있듯이, 고용된 것은 아니지만 아무런 자산 없이 자기 노동을 팔아서 살아가는 사람들도 적지 않기 때문이다. 특히 정보통신 기술의 발달로 모든 인력이 굳이 회사에 모여 일을 하지 않아도 업무 진행에 차질이 없도록 환경이 변했기 때문에, 기업들이 일부러 고용 형식을 취하지 않는 경우가 많아지게 되었다. 하지만 이때 법적 형식으로서의 고용이 배제되었다고 해서 그 기업의 일을 하는 사람들이 임금 노동자가 아니라고 말하기는 어렵다. 이들은 분명, 아무런 자산 없이 노동을 제공한 대가로 살아가는 사람이라는 임금 노동자의 정의에 부합되는 사람들이기 때문이다.

물론 광의의 노동자와 임금 노동자, 비노동자와 노동자의 구분은 개념적인 정의이며, 현실에서는 한 사람이 여러 가지를 겸하는 것이 가능하다. 직장에 다니며 월급을 받는 사람이 주식으로도 이익을 볼 수 있는 것처럼, 소득 원천이 다양할 수도 있다. 따라서 한 개인이 노동자인지 아닌지를 판별할 때는 주 소득원을 따져야 할 것이다. 월급으로 주로 생활하는 사람인데 생활비로 쓰고 남은 돈을 저축해 약간의 이자 소득을 얻는다고 해서 노동자가 아니라고 할 수는 없다. 반대로 굳이 일하지 않아도 충분히 살 수 있는 자산을 갖고 있는데도 성취감과 즐거움을 위해 일을 하는 사람은 보통 노동자들과는 매우 다른 생각과 이해관계를 가질 것이기 때문에 노동자로 분류하기 어렵다.

한편, 법률 등에서는 노동자라는 말 대신에 근로자(勤勞者)라는 말이 쓰이기도 한다. 근로자란, 북한을 비롯한 공산주의 국가에서 많이 쓰이는 노동자라는 말에 반감을 가진 반공 국가 한국이 그것을 피하려고 만들어낸 말이다. 하지만 이것은 '노동자(勞者)'라는 말에 '열심히(勤)'라는 말을 붙인 꼴이어서 오히려 객관적이고 중립적인 단어라고 보기 어렵다. 열심히 일하지 않는다고 해서 노동자가 아닌 것은 아니니 말이다. 냉전이 종식된 지금은 그냥 노동자라는 말을 많이 쓴다.

2장

비정규직은 새로운 현상인가

비정규직화 현상

양적 현상 : 비정규직 일자리의 확산

이 책의 서두에서 비정규직은 근래에 새롭게 탄생한 개념이라고 언급했었다. 그러나 우리가 지금 비정규직이라고 일컫는 고용 방식들 자체는 대부분 그 개념이 생겨나기 훨씬 전부터 존재했다. 그래서 비정규직이 새로운 현상이 아니라고 말하는 사람들도 있다.

비정규직의 고용 방식과 일자리 형태만을 두고 보면 분명 비정규직은 새로운 것은 아니다. 하지만 비정규직이라는 말이 만들어지고 의미 있는 사회 문제로 떠오른 것은 새로운 현상이다. 왜 이제 와서 새삼스럽게 비정규직이라는 게 중요해졌을까?

물론 일차적인 이유는 전에 비해 이런 고용 방식의 일자리들이 많이 늘어났다는 데 있다. 1999년까지는 더 다양한 고용 형태를 분별할 수 있는 조사가 없었지만, 상용직과 임시직·일용직

에 대한 조사를 보면 1995년까지는 상용직의 비율이 계속 늘다
가 1996년부터 점점 떨어지기 시작해 1999년에는 전체 임금 노
동자의 절반 이하로 감소했다. 상용직이 대체로 정규직과 비슷
하다고 보면, 이때부터 이미 정규직이 다수의 일반적인 일자리
라고 얘기할 수가 없게 된 것이다.

2000년 통계청의 조사가 시작된 후로는 더 상세하게 추세를
살펴볼 수 있는데, 취약 노동자층의 비율은 감소하고 비정규직
은 늘어나는 추세다. 취약 노동자층이 감소하는 것은 고용 관행
들이 점점 더 발전하고 제도화되고 있기 때문이며, 이는 노동자
들이 그만큼 더 법적·제도적 보호를 받을 수 있게 되었다는 뜻
이다. 하지만 취약 노동자층을 제외한 좁은 의미의 비정규직 비
율은 계속 증가하고 있다. 즉 고용 계약 기간을 명시한 기간제,
단시간 시간제, 간접 고용이나 특수 고용과 같은 일자리들이 확
산되고 있는 것이다. 이런 고용 방식이 예전에도 존재하기는 했
지만 무시할 수 있을 만큼 적었던 데 비해서 이제는 전체 일자리
의 3분의 1 이상을 차지하게 되었으니 당연히 중요하게 다루어
질 수밖에 없는 것이다.

질적 현상 : 고용 패러다임의 변화

비정규직이 새로운 현상이라고 하는 것은 단순히 그것의 수적

2008년 4월 3일 청계 광장에서 시위하는 이랜드 노조

비정규직이 새로운 현상이라고 하는 것은 단순히 그것의 수적 변화 때문만은 아니다. 단순히 경기 침체로 정규직이 감소하고 비정규직이 늘어난 것이라면 경제 활성화와 더불어 비정규직은 다시 감소할 것이므로 이때의 수적 변화는 큰 의미가 없다. 문제는 경제 구조가 고도화될수록 오히려 비정규직이 늘어나는 것처럼 보인다는 데 있다.

변화 때문만은 아니다. 단순히 경기 침체로 정규직이 감소하고 비정규직이 늘어난 것이라면 경제 활성화와 더불어 비정규직은 다시 감소할 것이므로 이때의 수적 변화는 큰 의미가 없다. 문제는 경제 구조가 고도화될수록 오히려 비정규직이 늘어나는 것처럼 보인다는 데 있다.

사람들은 일자리 문제에 무언가 근본적인 변화가 있다는 것을 감지하게 되었다. 바로 그런 느낌이 있었기 때문에 비정규직이라는 새로운 개념이 만들어지고 널리 인식되었던 것이다. 그렇다면 무엇이 바뀐 것일까?

예전에는 지금의 비정규직과 같은 고용 방식이 수적으로 미미했을 뿐 아니라 사회적 의미에서도 크게 중요하지 않았다. 비정규직은 취약 노동자층과 잘 구별되지 않았으며, 사람들은 이렇게 불안정한 일자리들이 존재하는 것은 우리나라가 아직 덜 발전한 탓이라고 여겼다. 경제와 사회가 발전하면 안정된 정규직 일자리가 늘어나 결국은 대다수가 정규직에서 일하게 될 것이라고 사람들은 확신했다. 따라서 시급한 것은 경제를 성장시키고 교육 수준을 높이는 등의 일이라고 생각했다. 즉 비정규직을 불안정한 저임금 일자리, 버젓한 직장을 갖기 어려운 못 배운 사람들에게나 걸맞은 일자리로 간주했던 것이다.

하지만 이러한 예상은 빗나갔다. 경제 성장이 이루어진 지금도 비정규직은 줄어들 것 같지 않아 보인다. 대학교를 졸업한 사

패러다임

사고의 기본 틀. 어떤 문제를 인식하고 해결 방법을
찾는 데는 패러다임이 반영된다. 즉 패러다임이 바뀌
면 문제 인식도 달라지고 해결 방법도 달라진다. 원래
패러다임은 과학사학자 쿤Thomas S. Kuhn이 과학
발전사와 관련해 사용한 개념이지만, 지금은 사회 현
상과 관련해서도 패러다임이라는 말을 쓴다.

람도 정규직 일자리가 없어 비정규직으로 취직해야 한다. 실제
로 비정규직은 대졸자층과 대기업 일자리에서 가장 급격히 증가
하고 있다. 과거에는 당연히 안정적인 정규직에 취직할 수 있었
던 사람들, 또 당연히 정규직 채용으로 인력을 확보했던 기업들
에서조차 비정규직이 확산되고 있는 것이다. 따라서 이제는 비
정규직을 학력이나 연령 등의 조건이 불리해 취직하기 어려운
사람들이 갖는 일자리라고만 생각할 수도 없게 되었다. 일시적
인 불황이나 고용난 때문에 잠시 거쳐 가는 일자리도 아니다. 비
정규직이 일반적인 고용 방식에 가까워진 것이다. 즉 고용 방식
과 일자리의 성격 자체가 전반적으로 바뀐 것이다. 왜 이렇게 되
었을까?

　이것은 사회적 패러다임이 바뀌었기 때문이다. 패러다임이
란 흔히 쓰는 말은 아니지만 간단하게 '보편적인 문제 인식 틀'
이라고 정의할 수 있다. 한 사회나 분야는 특정한 패러다임에 근
거해서 목표와 발전 과제를 제시하고, 문제가 생겨도 그 틀 내에
서 해결책을 찾게 된다. 고용의 패러다임을 생각해보자. 예전에
는 정규직 고용이 당연히 전형적이고 모범적인 것으로 인식되었
다. 그때도 정규직이 아닌 일자리들이 적지 않게 존재했지만, 이
에 대한 해결책은 어떻게든 이 일자리들을 정규직으로 전환해나
가는 것이었다. 즉 고용에 관한 한 정규직 형태를 자연스럽고 바
람직한 목표로서 추구해야 한다는 일반적 인식과 합의가 있었

구직자들은 비정규직보다 정규직을 더 원하지만, 경제의 가장 중요한 주체인 기업들이 비정규직 고용을 선호하는 만큼 정규직이 더욱 보편화되리라는 것이 현실적인 전망이다. 이런 상황에서는 정규직으로의 전환을 지향하는 것으로는 비정규직 문제를 해결할 수 없다.

던 것이다.

하지만 이제는 아니다. 기업들은 비정규직 고용을 더 선호하고, 비정규직을 늘리는 데 규제가 많다고 볼멘소리를 한다. 구직자들은 비정규직보다 정규직을 더 원하지만, 경제의 가장 중요한 주체인 기업들이 비정규직 고용을 선호하는 만큼 비정규직이 더욱 보편화되리라는 것이 현실적인 전망이다. 이런 상황에서는 정규직으로의 전환을 지향하는 것으로는 비정규직 문제를 해결할 수 없다. 오히려 비정규직 고용을 인정하되 문제점들을 보완할 방법들을 찾는 것이 더 합리적인 해결책이다. 이제 정규직이라는 고용 형태가 전형적이고 모범적인 목표라는 인식과 합의는 깨졌다. 즉 고용의 패러다임이 바뀐 것이다. 이런 패러다임에서는 경제가 성장한다고 해서 비정규직이 줄어들지 않는다. 오히려 경제 구조가 고도화될수록 비정규직도 늘어나게 된다. 이러한 고용 패러다임의 변화는 분명 새로운 현상이다.

고용은 경제 부문과 밀접하게 관련되어 있다. 따라서 왜 이렇게 고용 패러다임이 변했는지, 어째서 비정규직이라는 새로운 현상이 발생했는지를 알기 위해서는 경제 부문의 변화를 살펴볼 필요가 있다.

정자본주의 고도화와 경제의 변화

케인스주의

알다시피 지금은 자본주의 경제 시대다. 자본주의는 두어 세기 전에 유럽과 미국에서 시작된 이후 전 세계로 퍼져나갔으며, 그 결과 지금은 자본주의가 전 지구의 경제 체제라고 해도 과언이 아니게 되었다. 경제 체제라고 하면 뭔가 거창한 느낌이 들지만, 이는 우리가 살아가는 방식에 관한 이야기이기도 하다. 농사를 짓고 물레로 실을 자아 이웃들과 물물 교환을 하면서 생필품을 조달하는 것이 아니라, 오늘날처럼 회사에 취직해 임금을 받고 그 돈으로 생필품을 사서 생활하는 것 자체가 자본주의의 맥락인 것이다.

하지만 자본주의라고 해서 다 같은 자본주의는 아니다. 지역과 나라에 따라 변화가 있기 마련이고, 또 시간이 지나면서 변화가 따르기도 한다. 이러한 변화들 중 20세기 동안 선진국이 경험한 자본주의 경제 체제의 변화에 대해서는 간단하게나마 살펴볼 필요가 있다. 미국이나 서유럽으로 대표되는 이른바 선진국이 더 훌륭하고 본받을 만해서가 아니다. 선진국先進國은 글자 그대로 '앞서 나간 나라'로서, 한국보다 훨씬 먼저 자본주의의 변화를 경험했기 때문이다. 즉 자본주의의 고도화에 수반되는 변화를 파악하려면 이런 자본주의 선발 국가들을 살펴보는 것이 적절하다.

19세기 후반 노동자의 생활을 묘사한 미국의 정치적 삽화(1888)

　미국과 서유럽 국가 등 자본주의 선진국들의 역사를 보면, 대체로 20세기 중반을 지나면서 자본주의 경제 운영 방식의 방침이 정해졌다. 20세기 초반에 상품을 생산해도 팔리지 않아 기업들이 도산하는 대공황을 경험한 뒤, 경제 정책가들은 무엇보다도 유효 수요를 늘리는 것이 중요하다는 판단을 하게 되었다. 그런데 자본주의 사회에서 인구의 다수는 회사에 고용되어 임금을 받아 살아가는 노동자들이다. 이들이 물건을 많이 사서 소비를 하려면 당연히 고용이 안정되고 임금이 높아야 한다. 따라서 경제 정책은 완전 고용을 목표로 하고 또 노동자들이 고임금을 받을 수 있도록 하는 데 초점을 두게 되었다. 경제가 잘 돌아가기 위해서는 노동자들의 안정된 고용과 고임금이 가장 중요하다

케인스

는 것이 이 시대 경제 부문의 패러다임이었던 것이다. 수요 중시 정책을 주장한 경제학자 케인스John Maynard Keynes(1883~1946)의 이름을 따서 이런 경제 패러다임을 케인스주의라고 부르기도 한다.

기업 내부 노동 시장이 형성된 것도 이와 같은 맥락이다. 이러한 패러다임에서는 취직을 하면 특별한 일이 없는 한 고용이 보장되고, 가정을 꾸릴 수 있을 만큼 넉넉한 임금을 받으며, 회사의 규칙에 따라 승진도 기대할 수 있다. 이러한 고용이 요즘 말로 하면 정규직이다. 일단 기업 내부에 들어가면(즉 취직을 하면) 외부의 상황과는 상관 없이 이런 보장을 받을 수 있다 하여 이런 고용 체계를 기업 내부 노동 시장이라고 부른다.

기업 내부 노동 시장이 만들어진 데는 여러 요인이 있었다. 회사에서 필요한 일을 배우는 데는 시간이 걸리므로 직원을 금방금방 해고하고 새로 채용하는 것보다는 기존 직원을 우대해 근속하게 하는 것이 더 낫다는 기업가들의 판단도 한 요인이었고, 노동조합의 세력이 강해져서 함부로 해고를 하거나 저임금을 줄 수 없게 된 현실도 한 요인이었다. 하지만 근본적인 요인은 케인스주의 경제 패러다임이었다. 완전 고용으로 실업자가 적어져 고용 대기자가 부족해진 탓에 함부로 직원을 해고하거나 낮은 임금을 줄 수도 없었거니와, 케인스주의 경제 패러다임에서는 이런 안정적 고용과 고임금이 바로 경제의 동력이라는 게 일반적인 생각이었던 것이다.

물론 이 시대라고 해서 모든 일자리들이 기업 내부 노동 시장에 포함돼 있었던 것은 아니다. 선진국에서도 주로 대기업에 취직할 때 안정적 고용과 고임금을 잘 보장받을 수 있었다. 하지만 이 시대에는 정부건 기업이건, 경제 운영을 위해서는 노동자의 복지가 핵심적이라고 생각했다. 노동자들이 돈이 많아야 많은 상품을 소비할 수 있다는 논리에서였다. 따라서 모든 일자리를 가능한 한 고임금의 안정적인 일자리로 만드는 것에 경제 정책의 초점이 맞춰졌다. 또 경제가 성장할수록 이렇게 좋은 일자리들이 점점 더 많아져서 결국 모든 일자리가 그렇게 될 것이라고 희망할 수 있었다. 이 시대의 경제 패러다임에서는 경제가 고도화될수록 이런 안정적인 정규직 일자리가 늘어난다는 것이 당연시되었던 것이다.

신자유주의로의 전환

그런데 예상치 못한 상황이 도래했다. 노동자들이 잘살게 되었는데도 경제가 침체되기 시작한 것이다. 미국이나 유럽 같은 자본주의 선진국에서 대략 1970년대에서 1980년대 사이에 일어난 일이었다.

실제로 20세기에 선진국 사람들은 풍족한 소비 생활을 누렸다. 케인스주의가 예상한 대로, 소비가 증가해 상품 수요가 늘

세계무역기구
세계의 무역 질서를 협의하고 감시하는 기구로서
1995년에 설립되었다. 관세 및 무역에 관한 일반 협
정(GATT)에 기반을 두고 있으며, 무역 분쟁 조정, 관
세 인하 요구, 반덤핑 규제 등과 관련해 법적인 권한과
구속력을 행사할 수 있다. 이 기구의 설립을 계기로 다
자간 무역 체제가 강화되었으며, 세계화가 급진전했다.

어나니 기업의 투자와 규모도 빠르게 성장해 경제 발전이 이루어졌다. 하지만 아무리 풍족하게 소비를 해도 한계가 있기 마련이다. 케인스주의식 자본주의 경제가 너무 성공을 거두자, 생산이 국내 수요보다 더 빠르게 늘어나고 이윤율은 떨어지기 시작했다. 그러자 기업들은 국내 시장을 넘어 외국 시장으로 눈을 돌리게 되었다. 다른 나라에 수출을 하거나 자본 투자를 해서 이윤을 확보하려고 했던 것이다. 그리하여 경제의 세계화가 급속히 진전되었고, 선진국 기업들의 요구로 무역과 자본 이동의 장벽이 철폐되기 시작했다. 1990년대 즈음에는 거의 전 세계가 자본주의 경제 체제에 들어서게 되어 기업들은 더욱 자유롭게 세계를 무대로 활약할 수 있게 되었다. 우리가 잘 아는 세계무역기구 World Trade Organization(WTO)도 이때 설립되었다.

오사카의 맥도날드 매장. 세계화로 인해 기업들은 전 세계를 무대로 경쟁하게 되었다 © MASA

하지만 세계화에는 대가가 있었다. 한 나라가 아닌 전 세계를 대상으로 할 때 훨씬 더 경제 상황이 변수가 많고 예측하기 어려운 것은 당연하다. 세계의 경제가 연결되면서 경제 상황의 변동성과 불확실성이 매우 높아진 것이다. 또 기업들 간의 경쟁도 치열해졌다. 이제 국내 시장 내에서의 경쟁이 아니라 전 세계의 기업

들이 전 세계를 무대로 하는 경쟁이 되었다. 게다가 이때는 한국을 비롯한 자본주의 후발 국가들이 선진국들에 도전할 정도로 자본주의 경제 발전을 이룬 시기여서 경쟁이 더욱 치열할 수밖에 없었다.

그 결과 케인스주의 경제 패러다임은 붕괴되었다. 케인스주의 시대에는 노동자들을 잘살게 함으로써 상품 구매 수요를 늘리고자 했다. 하지만 전 세계 노동자들을 대상으로 해서는 그런 정책을 쓸 수가 없다. 한 나라의 정부처럼 특정한 정책과 제도를 집행할 수 있는 세계 정부란 존재하지 않기 때문이다. 한편, 기업들도 노동자들의 복지에 신경을 쓰지 않게 되었다. 이제 전 세계를 대상으로 경영을 하는 마당이라 국내 노동자층의 수요가 그리 중요하지 않게 된 것이었다. 결국 한 나라의 유효 수요에 초점을 맞추었던 케인스주의는 경제의 세계화에 따라 효력을 잃어

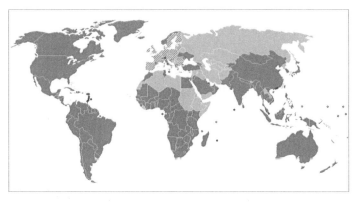

2008년 기준
세계무역기구 회원국
분포(진한 부분)

신자유주의
케인스주의의 뒤를 이은 경제 정책 패러다임이다. 케
인스주의 패러다임과는 달리, 자본주의 초기의 자유
주의 시대와 유사하게 경제에 대한 국가의 개입과 규
제를 최소화하고 자유로운 시장 경쟁과 이윤의 최대
화를 추구한다.

버리게 되었다.

이렇게 나타난 케인스주의 이후의 경제 흐름을 가리켜 신자유
주의라고도 한다. 유럽이나 미국에서 처음 자본주의가 발전했던
18~19세기처럼 자유로운 경쟁이 이루어지고 있다는 의미에서
다. 단, 이제 경쟁의 무대는 전 지구인 것이다.

이렇게 불확실성과 경쟁의 시대가 도래하면서 기업들이 정규
직 일자리를 보장하기가 어려워졌다. 언제 어떻게 경제 상황이
바뀔지 모르니 이제 기업들은 안정된 고용을 보장할 수가 없다.
당장은 크게 투자를 해 인력이 많이 필요하더라도, 곧 다시 인력
을 감축해야 할 상황이 닥칠 수 있다. 세계화된 경제는 그만큼
변동이 심하고 불확실하다.

또 이처럼 미래가 불확실하고 경쟁이 극심할 때는 단기 이윤
이 중요시된다. 지금 손해를 좀 보더라도 장기적인 안목으로 투
자를 하는 것은 어려워졌다. 당장 이윤을 내지 못하면 성과를 기
다릴 틈도 없이 경쟁에서 뒤떨어져 탈락하고 말 것이기 때문이
다. 당장의 이윤을 내는 가장 손쉬운 방법은 비용을 줄이는 것
이고, 비용 중에서도 노동 비용을 줄이는 것이다. 즉 직원들에게
임금을 적게 주는 것이다.

이렇게 해서 고용 안정과 고임금을 보장하는 기업 내부 노동
시장의 일자리는 점점 줄어들어갔다. 아니, 적어도 이런 일자리
가 경제를 잘 돌아가게 하기 위해 추구해야 할 모범이라는 합의

불확실성과 경쟁의 시대가 도래하면서 기업들이 정규직 일자리를 보장하기가 어려워졌다. 언제 어떻게 경제 상황이 바뀔지 모르니 이제 기업들은 안정된 고용을 보장할 수가 없다. 세계화된 경제는 그만큼 변동이 심하고 불확실하다.

가 깨진 것이다. 세계적 불확실성과 경쟁의 시대에 기업들이 살아남고 경제가 운영되기 위해서는 오히려 노동자들을 쉽게 해고하거나 임금을 낮출 수 있어야 한다고 주장하는 경제 전문가들이 늘어났다. 그리고 이를 위해 비정규직이라는 고용 방식이 새로운 중요성을 띠며 떠오르게 되었다.

한국 : 짧은 성장, 급격한 전환

앞서 얘기한 변화의 양상과 시기는 자본주의 선진국들을 기준으로 한 것이다. 그렇다면 한국은 어땠을까? 선진국들과 다른 점들도 물론 많지만, 크게 보면 한국도 자본주의 경제 구조가 고도화되면서 비슷한 변화를 겪었다고 할 수 있다. 다만 한국은 자본주의 후발 국가로서 이러한 발전과 변화를 훨씬 늦게 겪었을 뿐 아니라 짧은 기간 동안에 매우 압축적으로 겪었다.

한국의 특수성에 따른 여러 우여곡절이 있기는 했으나, 한국에서 케인스주의와 같은 경제 패러다임이 가능했던 시기는 1980년대 말에서부터 1990년대 중반까지였다. 이 시기에 한국은 산업 구조 면에서 케인스주의 경제의 기반이 되는 중공업 및 소비재 대량 생산 체제가 확고히 갖추어졌고, 노동조합의 힘이 강해지기 시작해 정부나 기업이 노동자들의 복지에 신경을 쓰지 않을 수 없는 상황이었다. 따라서 고용 안정과 고임금을 바탕으

국제통화기금

1945년 설립된 국제기구로, 외환 시장의 안정을 목표로 한다. 이를 위해 가맹국으로부터 출자금을 받아 자금을 조성하고, 일시적인 국제 수지 불균형이 발생한 가맹국에는 외화 자금을 대여한다.

로 국민들이 풍족한 소비 생활을 누릴 수 있도록 하고, 이를 동력으로 경제 성장을 이끌어나가는 케인스주의 경제 운영이 가능했다.

　그런데 이 시기에 한국보다 먼저 자본주의가 발전한 선진국들에서는 케인스주의가 무너지고 신자유주의가 도래하고 있었다. 따라서 국내 수요만으로는 부족했던 선진국의 기업들은 한국과 같이 이제 막 소비 생활이 발전한 나라들을 겨냥해 상품과 자본 시장을 개방하도록 압력을 가했다. 그래서 1990년대 중반부터 한국도 신자유주의의 영향을 받기 시작했다. 하지만 한국이 결정적으로 신자유주의적 세계 경제 체제에 편입된 것은 1997년 말 경제 위기를 겪으면서였다.

　1997년 11월 외환 위기에 직면한 한국은 국제통화기금 International Monetary Fund(IMF)의 구제 금융을 받아야 했다. 국제통화기금이 한국에 돈을 빌려주는 대가로 내건 조건은 대외적으로는 상품과 자본 시장을 완전히 개방하고 대내적으로도 자유로운 경쟁 위주의 경제 정책 및 제도를 채택하는 것이었다. 한국은 돈을 빌리지 않을 수 없는 상황에서 이 조건을 받아들일 수밖에 없었다. 이로써 한국도 신자유주의적 경

워싱턴 D.C.에 있는 국제통화기금 본부

제 패러다임으로 완전히 전환하게 되었고, 국내 노동자들의 복지와 수요를 중시하는 케인스주의는 한국에서 더 이상 유지될 수 없었다. 결국 한국에서 케인스주의적 경제 성장이 가능했던 시기는 기껏해야 10년 동안이었다.

외환 위기라는 사건이 없었더라도 세계 자본주의 경제를 이끌어가는 나라들이 신자유주의로 전환한 마당에 한국이 고립된 채 케인스주의적 성장을 계속할 수는 없었을 것이다. 하지만 한국에서는 선진국에 비해 케인스주의적 성장의 시기가 너무 짧았고 너무 급격히 자유주의로의 전환이 이루어졌다. 유럽이나 미국 같은 자본주의 선진국들은 케인스주의 시기에 보편적인 사회 복지를 확립했다. 그만큼 경제 성장이 잘 이루어진 덕분이기도 했고, 사회 복지를 통해서 노동자가 아닌 사람들의 수요도 보장해 주는 것이 케인스주의 패러다임에 맞기 때문이기도 했다. 하지만 한국에서는 그런 보편적인 사회 복지를 제대로 확립할 시간이 없었다. 겨우 케인스주의적 성장에 진입해 사회 복지에 신경 쓰려던 때에 갑작스럽게 신자유주의로 전환해야 했기 때문이다.

앞서 말한 바와 같이 케인스주의 경제 패러다임에서는 노동자들의 고용과 임금을 보장하는 데 주력하지만 신자유주의에서는 그렇지 않다. 그렇다면 고용과 임금이 불안정해진 사람들의 삶을 받쳐줄 것이 있어야 하는데, 한국에서는 그에 대한 준비가 충분치 못했다. 비정규직이 늘어나는 것은 선진국에서도 마찬가지이지만, 한국에서 이것이 특히 더 심각한 사회 문제로 떠오른 것은 이 때문이다. 선진국들처럼 케인스주의의 결실을 충분히 본 후에 서서히 신자유주의 패러다임으로 전환하지 않고, 준비도 대비도 하지 못한 상태에서 갑작스럽게 신자유주의로 전환하는 깃은 더 큰 후유증을 남겼다.

비정규직 고용의 이점

회사에 다니는 노동자로서는 당연히 고용이 보장되고 임금을 많이 받는 것이 좋지만, 노동자를 고용한 기업의 입장은 그 반대다. 쉽게 해고하고 임금을 적게 줄수록 기업 경영이 편리하고 이윤이 많이 남는다. 이것은 예나 지금이나 마찬가지다. 다만 케인스주의 시대에는 노동자들의 안정되고 윤택한 생활이 경제의 주요 동력이기 때문에 결국 기업에도 유익하다는 점을 기업이 납득할 수 있었다. 하지만 지금은 다르다. 기업 경영에서 국내 수요의 중요성은 예전보다 줄어들었고, 전체적이고 장기적인 이익보다는 당장의 경쟁에서 승리하는 것이 중요해졌다. 기업들이 비정규직을 고용할 필요성이 더욱 커진 것이다. 이것이 예전과는 다른 새로운 현상이라고 할 수 있다. 그렇다면 새로운 경제 흐름에서 비정규직이라는 고용 방식이 기업에 어떤 이점을 가져다주는가를 구체적으로 살펴보도록 하자.

수량적 유연화

기업이 비정규직 고용으로 얻는 첫째 이점은 수량적 유연화다. 수량적 유연화란 경제 상황의 변동과 경영상의 필요에 따라 유연하게 기업의 인력 규모를 조정할 수 있음을 의미한다. 쉽게 말하면 원하는 대로 직원을 해고하고 채용할 수 있다는 것이다.

앞서 말한 것처럼 세계 경제의 불확실성과 경쟁이 극심해지면서 기업 경영에서 수량적 유연화의 필요성은 더욱 커지게 되었다. 그런데 한국을 비롯한 많은 나라에서는 일단 기업이 채용한 직원을 특별한 사유 없이 함부로 해고할 수 없게 되어 있다. 이런 보호가 없다면 언제든 해고가 가능하다는 점을 무기 삼아 기업과 고용주가 직원들을 부당하게 대할 가능성이 높기 때문이다. 이런 상황에서 기업들은 수량적 유연성을 확보하기 위해 비정규직 고용으로 눈을 돌리기 시작한 것이다.

고용 계약 기간이 정해져 있는 기간제 비정규직으로 고용을 하면 기업은 이 계약 기간이 끝날 때마다 인원 조정을 할 기회를 갖게 된다. 예를 들어 10개월 계약직으로 직원을 고용하면 10개월마다 재계약을 하거나 하지 않음으로써 그때그때의 경영 상황에 따라 인력을 조정할 수 있다. 인원을 줄여야 하는 형편이라면 계약 기간이 만료된 기간제 비정규직 직원과 단지 재계약을 하지 않으면 되는 것이다. 즉 정규직처럼 복잡한 정리 해고 절차를

기업 구조 조정

기업의 내부 조직 구조를 더욱 효율적으로 재편하는 과정을 의미한다. 이에 따라 인력 재배치도 필요하게 되지만, 이것이 반드시 인원 삭감을 의미하는 것은 아니다. 그러나 한국에서는 IMF 경제 위기 당시 기업들이 구조 조정을 하면서 정리 해고를 감행했기 때문에, 많은 사람들이 기업 구조 조정이라고 하면 대량 해고를 연상하는 경향이 있다.

거칠 필요가 없다.

간접 고용이나 특수 고용도 비슷하다. 간접 고용은 인력 파견을 해주는 다른 회사와 계약을 하는 것이다. 또 특수 고용은 형식상 사업주인 노동자와 사업주 간 계약을 하는 것이고, 그것도 고용 계약이 아닌 민법상의 상업 계약을 하는 것이다. 그러므로 기간제 비정규직과 마찬가지로 간접 고용과 특수 고용의 경우에도 계약 기간이 끝날 때마다 기업이 계약을 해지하거나 갱신함으로써 손쉽게 회사의 인력을 조정할 수 있다.

2007년에 전체 직원의 8퍼센트에 해당하는 1,800명을 해고해 구조 조정을 한 영국 BBC 방송국

이렇게 수시로 인력을 조정할 수 있다는 것은 기업의 입장에서는 매우 편리한 일이다. 한국에서 기업 구조 조정이라는 말은 IMF 경제 위기 직후인 1998년부터 널리 쓰이기 시작했지만, 10여 년이 지난 지금 기업들은 일상적으로 경제 상황의 변동에 따라 구조 조정에 돌입할 태세를 갖추고 있고 또 그래야만 하는 환경에 처해 있다. 그렇기 때문에 비정규직 고용은 구조 조정을 손쉽게 할 수 있는 방법이라는 점에서 기업들에게 매력적인 선택지인 것이다.

비용 절감

비정규직 고용의 또 다른 이점은 비용 절감이다. 기업은 언제나
비용 절감을 위해 노력한다. 하지만 변동과 경쟁이 극심한 신자
유주의적 경제 환경에서는 단기적인 비용 절감이 특히 중요한
문제로 떠오른다. 장기적인 투자가 성과를 맺는 것을 기다릴 여
유가 없는 방법이다. 그런데 가장 효과적이고 손쉽게 비용을 절
감할 수 있는 방법이 임금 삭감이다. 생산을 유지하려면 투입되
는 설비나 원료를 줄이는 것은 힘들고, 조직 합리화로 생산성을
높이는 것도 쉽게 되는 일이 아니다. 하지만 직원들의 임금을 줄
이면 금방 그만큼 비용이 줄어든다. 이 점도 비정규직 고용을 부
채질하는 요인 중의 하나다.

원칙적으로 따지면 비정규직이라고 해서 정규직보다 임금을
적게 받아야 할 필연성은 없다. 하지만 기업의 입장에서 비정규
직 고용은 적어도 임금 비용을 줄일 가능성을 열어놓는 것이다.
비정규직 고용으로 비용을 줄이는 중요한 방법 중 하나는 기업
이 부담해야 하는 각종 보험이나 퇴직금 등을 비정규직에는 적
용하지 않는 것이다. 한국에서는 정규직의 경우 90퍼센트 이상
이 사회 보험이나 퇴직금 등의 적용을 받아 거의 완전 적용 수준
인 데 비해, 비정규직의 경우에는 20~30퍼센트 정도만이 이러
한 것의 적용을 받는다. 특히 아르바이트처럼 간주되는 단시간

시간제 비정규직은 이런 제도의 혜택을 보는 경우가 거의 없다시피 하다. 그래서 정규직과 비정규직의 격차를 줄이기 위해서는 법과 제도를 빨리 정비해 비정규직도 사회 보험이나 퇴직금 등의 적용을 받을 수 있게 해야 한다는 목소리가 높다.

그러나 법적으로 비정규직의 사회 보험 적용을 의무화하거나 정규직과의 불합리한 차별을 금지하더라도 비정규직 고용에는 여전히 임금을 줄일 여지가 있다. 우선 기간제 고용 방식을 보자. 정규직은 해가 지날수록 호봉이 오르고, 승진을 하면 직책 수당도 붙는 데 반해, 기간제로 고용된 비정규직에는 그런 것이 없다. 비정규직은 설사 계약을 거듭 갱신해가며 그 회사에서 오래 근속하더라도 재계약을 할 때마다 새로 시작하는 것이나 마찬가지이므로 해가 가도 임금을 올려줄 필요가 없다. 그러니 정규직에 비해 비정규직에게는 훨씬 적은 비용이 드는 것이다.

간접 고용은 어떤가? 기업은 간접 고용한 노동자들에게 직접 임금을 주지 않고 이들을 고용해 파견한 다른 업체에 돈을 주며, 이 업체가 노동자들에게 그 돈을 어떻게 나눠주는지는 상관하지 않는다. 기업은 한 용역 업체와의 계약이 끝나면 다음 용역 업체를 선정하게 되며, 이때 용역 업체들은 기업과의 계약을 따내기 위해 서로 경쟁하면서 가능한 한 낮은 금액으로 입찰한다. 그러므로 기업은 간접 고용을 통해 비용을 줄여갈 수 있다.

또 특수 고용의 경우 기본급은 거의 없고 '건당' 수당의 형태

세계화된 경제가 펼쳐지고 있는 지금 시대, 이 불확실성과 경쟁의 시대에는 수량적 유연화와 비용 절감이 가장 중요한 문제로 떠올랐고, 비정규직 고용은 이를 실현하는 수단인 것이다.

로 보수가 지급된다. 즉 하는 일의 양에 비례해서 보수가 지급되는 것이다. 정규직에게는 일이 많든 적든 늘 일정한 월급을 줘야 하지만, 특수 고용의 경우에는 일거리가 적어지면 그만큼 임금으로 나가는 돈도 줄어든다. 또 일이 많을 때도 특수 고용 노동자들이 더욱 열심히 일해서 많은 일을 떠맡아주곤 하기 때문에 사람을 더 고용할 필요가 없으니 기업은 여러 가지 면에서 편리하다.

이처럼 기업의 입장에서 비정규직 고용은 분명 많은 이점을 갖고 있다. 수량적 유연화와 비용 절감은 기업 경영자가 항상 추구하는 것이지만, 케인스주의 패러다임에서는 억제될 수 있었다. 노동자들의 생활을 윤택하게 만들어 수요를 촉진하는 것이 경제 발전의 지름길이라는 인식이 있었고, 그 인식이 정책에 반영되었기 때문이다. 하지만 세계화된 경제가 펼쳐지고 있는 지금 시대, 이 불확실성과 경쟁의 시대에는 다르다. 수량적 유연화와 비용 절감이 가장 중요한 문제로 떠올랐고, 비정규직 고용은 이를 실현하는 수단인 것이다.

노동 시장

경제란 인류 사회의 여러 복잡한 영역 중 사람들이 살아가는 데 필요한 물품들을 생산하고 공급하는 영역을 가리킨다. 경제 체제의 하나인 자본주의에서는 이 물품들이 상품의 형태를 취한다는 점이 특징이다. 즉 자본주의에서는 필요한 물품들을 사람들이 스스로 생산하거나 물물 교환을 해서 얻는 것이 아니라, 돈을 지불해 구입하는 방식으로 얻는 것이다. 이렇게 화폐를 매개로 물품을 사고파는 현장, 즉 상품 거래의 현장을 시장이라고 부른다. 이때 상품의 가격은 그 상품의 쓰임새나 중요성 같은 내재적인 가치에 따라 결정되는 것이 아니라 수요와 공급의 원리에 따라 결정된다. 즉 어떤 상품을 사려는 측(수요)이 팔려는 측(공급)보다 많으면 상품 가격이 올라가고, 반대로 상품을 사려는 사람이 시장에 나온 상품의 수량보다 적으면 상품 가격이 떨어진다.

자본주의에서 더욱 특징적인 것은 인간의 노동도 상품으로 거래된다는 점이다. 인간의 노동이 필요한 측은 돈을 내고 이 노동을 구입한다. 그리고 이렇게 자신의 노동을 팔아 돈을 버는 사람을 임금 노동자라고 한다.

자본주의 사회에서 인간의 노동은 상품이기 때문에 노동의 가격 역시 수요 공급 원리에 따라 결정된다. 노동을 팔려는 사람이 많으면 가격이 떨어지고, 노동을 사려는 사람이 많으면 가격이 올라간다. 이 가격이 노동 조건이다. 이 노동 조건에서 가장 중요한 것은 역시 노동을 제공하고 받는 돈, 즉 임금일 것이다. 하지만 노동이란 사람의 몸에서 분리할 수 없는, 사람의 생활 그 자체이기 때문에, 노동 시간이나 노동 환경도 문제가 된다. 열 시간 일하고 10만 원을 받는 것과 다섯 시간 일하고 10만 원을 받는 것은 큰 차이가 있다. 똑같이 10만 원을 받아도 후자의 경우에는 자기 마음대로 지낼 수 있는 시간을 다섯 시간 더 가질 수 있기 때문이다. 또한 편하고 즐겁게 일할 수 있느냐 아니냐도 매우 중요하다. 따라서 노동의 가격에는 화폐로 계산되는 임금뿐 아니라 노동 시간, 노동 강도, 노동 환경 등 모든 노동 조건이 포함된다고 할 수 있다. 이렇게 노동이라는 상품이 수요 공급 원리에 따라 가격이 매겨져 거래되는 것을 노동 시장이라고 한다.

이것은 개념적으로 설명한 것이고, 일상적으로 쉽게 설명하면 취직을 하는 것이 바로 노동 시장에서의 거래다. 노동을 팔려는 측(구직자)이 노동을 사려는 측(일자리)보다 많으면 공급이 수요보다 많은 것이므로 노동의 가격이 떨어진다. 즉 노동 조건이 나빠진다. 반대의 경우에는 노동의 가격이 올라가서 노동 조건이 좋아진다. 우리가 취직을 할 때 임금이나 노동 시간, 회사 환경 등을 요모조모 따져보고 직장을 고르는 것, 반대로 기업이 직원을 채용할 때 그 사람의 능력을 재보고 뽑는 것, 이런 것이 바로 노동 시장에서 파는 측과 사는 측이 가격을 흥정하는 과정이다.

취직을 하고 나서도 비슷한 흥정 과정이 있다. 개인적으로든 노동조합을 통해서든 회사의 규칙이나 결정에 따라서든 임금이나 노동 조건이 자주 달라진다. 승진을 해서 근무 환경이 더 좋아질 수도 있고 반대로 해고를 당할 수도 있다. 노동을 파는 측인 노동자는 자신의 노동을 사고 있는 회사에 대해 자기 능력을 과시해서 더 나은 임금을 얻어내거나 동료들보다 먼저 승진을 하려고 할 것이고, 기업은 직원들의 생산성과 효율성을 유지하면서도 가능하면 노동 비용을 적게 들이려고 할 것이다. 즉 기업 내부에서도 노동 시장의 흥정이 이루어진다.

하지만 이때 기업 내부에서 발생하는 노동 시장의 흥정은 기업 밖의 상황과는 분리되어 있다. 즉 일단 취직을 하면 기업 밖의 노동 공급자들과는 무관하게 어느 정도 안정적인 노동 조건을 보장받는 것이다. 예를 들어 A라는 사람이 한 회사에 취직해 200만 원의 월급을 받고 일하고 있는데, 취직을 못한 B라는 사람이 같은 일을 150만 원에 하겠다고 그 회사에 제의한다고 해보자. 시장 원리를 따른다면 이때 노동의 구매자인 기업이 A를 해고하고 B의 노동을 구매하는 것이 당연하지만 실제로 기업은 그렇게 하지 않는다. 기업 특수적 숙련 문제(계속 일해온 사람이 더 일을 잘할 것이라는 가정), 거래 비용 문제(외부에서 더 싸게 노동력을 팔 사람을 구하자면 비용이 듦), 노동자들의 세력화 문제(노동조합과 노동법으로 인해 해고가 쉽지 않음) 등이 있기 때문이다. 이처럼 일단 한 기업에 취직을 하면 외부의 노동 수요 공급 상황에 영향 받지 않고 기업 내부 사정에 따라서 노동 가격이 결정된다는 뜻에서, 이를 기업 내부 노동 시장이라고 부른다.

그러나 이것도 정규직에 해당하는 얘기다. 쉽게 해고하고 다른 사람으로 대체할 수 있는 비정규직 고용 방식이 널리 퍼지면서, 기업은 밖에서 더 싸게 노동력을 구매할 기회가 있으면 언제든지 기존의 비정규직 직원을 내칠 수 있게 되었다. 따라서 비정규직 고용의 확산은 일단 취직을 하면 어느 정도 안정적인 노동 조건을 보장해주던 기업 내부 노동 시장이 줄어들고 있다는 뜻이기도 하다.

3장

비정규직, 무엇이 문제인가

비정규직 일자리의 문제점

비정규직이 기업 경영에 유리한 것이라면 어째서 비정규직이 문제일까? 지금 시대의 경제 흐름에는 비정규직 고용이 어울린다는데 왜 왈가왈부하는 것일까?

그러나 아무리 비정규직 고용이 경제 활성화를 돕는다고 이야기되어도, 구직자라면 누구나 비정규직보다는 정규직을 원한다. 비정규직은 기업 경영에는 좋을지 몰라도 일하는 사람에게는 분명 바람직하지 않은 일자리인 것이다. 수량적 유연화와 비용 절감이라는 기업의 이점은 반대로 노동자에게는 고용 불안정과 저임금이라는 단점으로 작용한다.

대다수의 사람들에게 일자리는 매우 중요한 문제다. 인생을 결정하는 가장 중요한 두 관문이 결혼과 취직이라고 할 정도가 아닌가? 그런데 좋지 못한 일자리가 많다면 국민들의 불만이 커질 것이고, 결국 중요한 사회 문제가 될 수밖에 없다. 그런 측면에서 비정규직 일자리의 문제점들을 살펴보도록 하자.

명예퇴직과 희망퇴직

명예퇴직과 희망퇴직은 직원이 자진해서 사직하는 형식을 취하지만, 실제로는 기업이 인원 감축을 위해 많이 사용하는 방법이다. 정규직 직원은 특별한 잘못이 없는 한 정년까지 고용이 보장되어 있기 때문에 정리해고는 급박한 경영상의 위기 시에만 할 수 있다. 따라서 경영 위기가 아닌데 인원 감축을 하기 위해서는 기업이 명예퇴직이나 희망퇴직이라는 명목으로 보상금을 주면서 직원들이 스스로 퇴직하도록 유도한다.

고용의 불안정, 삶의 불안정

현대 사회에서는 많은 사람들이 취직을 해 월급을 받아서 살아간다. 그리고 계속 직장에 다니고 일정한 수입이 있을 것을 가정해서 생활을 설계한다. 결혼과 출산, 자녀 교육, 집 장만, 대출금 상환, 저축과 노후 대책 등등. 이는 실직을 하면 생활이 곤란해질 뿐 아니라 미래의 계획까지 엉망이 된다는 뜻이기도 하다. 생각해보라. 어떤 사람이 당장 직장을 그만두게 된다면 그 사람 자신이나 그 사람에게 경제적으로 의존하는 가족이 얼마나 버틸 수 있을까? 설령 저축해놓은 것이 있다고 해도 실직 상태로 계속 잘 지낼 수 있는 가정은 드물다.

따라서 고용의 안정이란 삶의 안정을 의미한다. 계속 직장에 다닐 수 있을지가 불투명하다면 삶의 계획도 세울 수 없고 마음이 항상 불안할 것이다. 비정규직이 바로 이런 상태다.

요즘은 정규직도 정년을 채우고 퇴직하는 것이 쉽지 않다지만, 아무리 그래도 정규직은 급박한 경영상의 위기가 닥치지 않는 한 함부로 해고할 수 없다. 명예퇴직이니 희망퇴직이니 하는 것이 흔한 일이 되었지만, 정규직은 눈치를 보면서라도 정

파리의 노숙자. 집과 직장이 없는 이들은 길거리에서 불안정한 삶을 살아간다
© Eric Pouhier

일감이 줄어들자 조기 퇴근하는 비정규직 노동자들의 모습. 업무가 줄어들면 비정규직부터 해고당한다
© 민중언론 참세상

고용의 안정이란 삶의 안정을 의미한다. 계속 직장에 다닐 수 있을지가
불투명하다면 삶의 계획도 세울 수 없고 마음이 항상 불안할 것이다. 비
정규직이 바로 이런 상태다. 고용 계약 기간이 정해져 있는 비정규직은
계약 기간이 끝날 때마다 주기적으로 실직을 하게 된다. 재계약이 되어
서 계속 일을 할 수도 있지만, 어쨌든 항상 불안한 상태이기 때문에 장기
적인 삶의 계획을 세울 수가 없다.

기간제 및 단시간 근로자 보호 등에 관한 법률
2006년 6월 30일에 제정되었다. 1998년에 제정된 '파견
근로자 보호 등에 관한 법률'과 더불어 비정규직 고용
을 규정하는 대표적인 법이다.

년까지 회사에 남아 있거나 많은 보상금을 받고 퇴직하는 것을
선택할 수 있다. 하지만 비정규직에게는 불가능한 얘기다. 고용
계약 기간이 정해져 있는 비정규직은 계약 기간이 끝날 때마다
주기적으로 실직을 하게 된다. 재계약이 되어서 계속 일을 할 수
도 있지만, 어쨌든 항상 불안한 상태이기 때문에 장기적인 삶의
계획을 세울 수가 없다.

　물론 이것은 기간제 유형의 비정규직에 해당하는 말이다. 그
러나 앞서 말했듯이, 한국에서는 비정규직 일자리의 90퍼센트
이상이 고용 계약 기간이 정해져 있다. 시간제, 간접 고용, 특수
고용 유형에 속하는 비정규직이라 할지라도 기간제 유형을 겸하
고 있는 것이 대부분이다.

　사실 시간제로 근무하는 것은 기간제와는 전혀 상관이 없다.
고용 계약 기간 없이 계속 파트타임으로 근무하는 것이 가능한
것이다. 실제로 서유럽에서는 파트타임의 경우 계약 기간이 정
해져 있지 않고 고용이 보장되어 있으므로 언제까지든 계속 파
트타임으로 근무할 수 있다. 하지만 한국에서는 시간제 비정규
직의 99퍼센트가 기간제 비정규직을 겸하고 있는 상태다. 심지
어 한국에서는 '기간제 및 단시간 근로자 보호 등에 관한 법률'
이라는 법으로 두 유형을 한데 묶어 취급하고 있다.

　간접 고용 역시 반드시 고용 계약 기간을 한정할 필요가 없다.
간접 고용으로 일을 시키는 A회사와 노동자를 고용한 B회사의

계약이 끝나더라도, B회사가 책임지고 또 다른 일할 곳을 찾아 자신이 고용한 노동자들을 보내면 되는 것이다. 간접 고용을 허용한 파견법의 취지가 원래 그런 것이기도 하다. 노동 시장에서 수요와 공급이 불규칙한 업종들에서는 노동력 수급의 안정성을 유지하기 위해 인력 공급 업체가 필요힐 수 있다는 것이다. 인력 공급 업체는 노동자들을 고용한 후 그들을 필요로 하는 기업을 찾아 파견 계약을 맺고 그들을 파견한다. 이 업체는 노동자들에게 일할 자리를 찾아주고 고용을 유지해줄 책임을 지는 대신, 다른 기업과 파견 계약을 하면서 받은 돈의 일부를 취해 이윤을 얻는 것이다. 이런 취지라면, 간접 고용을 하는 A회사는 필요할 때만 인력 공급 업체와 계약해 노동력을 제공받고, 인력 공급 업체인 B회사는 노동력을 필요로 하는 기업을 찾아 노동력 파견 계약을 하는 대가로 이윤을 얻으며, 노동자는 일자리를 찾는 데 드는 수고를 덜면서 안정적인 고용을 유지할 수 있으므로, 이론상 모두에게 이익이 된다. 하지만 현실은 전혀 이렇지 않다. 인력 공급 업체는 노동자들을 기간제로 고용해, 간접 고용을 하는 기업과의 파견 계약 기간이 끝나면 노동자들과의 고용 계약도 끝내버린다. 노동 시장의 안정성을 유지하기 위해서라는 파견법의 취지가 무색해지는 것이다.

마지막으로 특수 고용은 고용 계약 형식이 아니기 때문에 무기한 계약이 거의 존재하지 않는다. 계약 기간이 끝나면 특수 고용 노동자는 재계약을 하든가 실직을 하게 되는 셈이다. 특히 일의 건수에 따라 임금이 크게 달라지는 특수 고용 노동자들은 일거리가 있을 때 무리를 해서라도 일을 많이 하려는 경향이 있다. 그러다가 건강을 해치는 경우도 많다. '사람 나고 돈 났다'는 말이 있듯이 돈을 벌려고 건강을 해치는 것이야말로 굉장히 불행한 일이지만, 언제 일을 그만둘지 모르는 상황이라면 무리해서 일하지 않기가 쉽지 않다. 계약 기간이 끝나면 실직을 해 수입이 없게 될지도 모르니, 일이 있을 때 많이 벌어놓아야 한다고 생각하게 된다. 이런 데서도 알 수 있듯이, 고용 불안은 단순히 수입이 끊길 가능성을 높이는 데 그치지 않는다. 고용이 불안하면 미래의 계획을 세울 수 없으니 삶 자체가 불안해지고 심신이 피폐해지는 것이다.

임금이 낮아질 수밖에 없다

우리는 왜 취직을 하는 걸까? 여러 이유가 있겠지만, 그중에서도 가장 중요한 이유는 돈이라는 것을 부인할 수 없다. 돈을 벌 필요가 없는 상황이라면 굳이 취직을 할 사람이 얼마나 될까? 따라서 일자리의 조건 중 돈, 즉 임금은 매우 중요하다. 무엇보다도 그것이 사람들이 직장에 다니는 이유이기 때문이다.

많은 조사와 통계가 보여주듯이, 비정규직은 정규직에 비해

기업 복지

기업이 임금 외에 직원들의 복지를 위해 제공하는 혜택들이다. 법적으로 규정된 것이 아니라 기업이 사정에 따라 제공하는 것이기 때문에 형태는 매우 다양하다. 예를 들어보면, 주거 지원, 교육비나 교통비 지원, 회사 관련 제품의 할인 혜택, 현물 선물, 경조비 지원, 휴양 시설 제공 등이 있다. 직접적으로 현금을 지불하는 임금은 아니지만 이런 기업 복지를 통해 직원의 생활비를 낮출 수 있기 때문에 실질적으로 임금과 비슷한 효과를 갖는다.

돈은 사람들이 취직을 하는 이유 중 가장 큰 비중을 차지한다

임금이 낮다. 그것만으로도 분명 비정규직은 좋지 못한 일자리다. 하지만 사실 비정규직이라고 해서 임금이 낮아야 할 필연성은 없다. 짧은 시간만 일하는 시간제는 하루 종일 일하는 정규직에 비해 돈을 적게 받는 것이 당연하겠지만, 이는 일하는 시간에 비례해 임금이 달라진다는 차원에서 당연한 것일 뿐, 이 밖에는 비정규직이 임금에서 차별받을 이유가 없다.

하지만 시간제는 물론이고 기간제나 다른 모든 유형의 비정규직에 대해서도 기업들이 정규직에 비해 임금을 낮게 책정하고 기업 복지의 적용을 배제하는 것이 일반적이다. 타당한 이유가 없는데도 말이다. 비정규직은 '정식 직원'이 아니라서? 하지만 이는 합리적인 이유가 아닌 핑계일 뿐이다. 그러나 비정규직 노동자들은 이런 부당함에 대응하기가 어렵다. 회사 측에 항의할 힘을 지닌 노동조합에는 비정규직 노동자들이 잘 가입하지 않는 경향이 있으며, 무엇보다도 비정규직으로서는 회사에 밉보이게 되면 재계약을 못할 가능성이 높기 때문이다. 즉 기업이 쉽게 해고할 수 있다는 무기를 갖고 있는 이상, 비정규직 노동자들은 저임금을 감수할 수밖에 없는 것이다. 실제로 여러 조사에 따르면, 비정규직의 임금은 같은 회사에서 비슷한 일을 하는 정규직의 임금의 60퍼센트 정도에 불과한 실정이다.

비정규직으로 일하는 노동자들은 고용 불안과 저임금이라는 이중고를 겪고 있다. 고용 불안이 미래의 삶을 저당 잡히게 만든다면, 저임금은 현재의 삶도 힘들게 만든다.

특히 간접 고용은 직접 고용에 비해 임금이 적다고 할 수 있다. 중계자인 인력 공급 업체가 일정한 이윤을 챙기기 때문이다. 예를 들어 간접 고용을 하는 A회사가 그 노동에 드는 비용으로 200만 원을 책정했다면, 노동자를 고용해서 보내주는 B회사가 50만 원을 가져가고, 직접 일을 하는 노동자에게는 150만 원밖에 주어지지 않는다. B회사도 기업이니만큼 이윤을 남겨야 하는 것이다. 그러나 노동자의 입장에서는 원래 노동의 대가로 책정된 200만 원을 온전히 받지 못하고 중간에서 뜯기는 셈이다. 일을 하는 회사에 직접 고용되었다면 200만 원을 다 받을 수도 있었을 테니 말이다. (기업의 입장에서는 똑같이 200만 원의 비용이 들더라도 직접 노동자를 고용하는 것보다는 간접 고용을 선호하는데, 이는 앞 장에서 말한 바와 같이 수량적 유연화와 노동 비용 절감의 가능성 때문이다.)

이렇게 비정규직으로 일하는 노동자들은 고용 불안과 저임금이라는 이중고를 겪고 있다. 고용 불안이 미래의 삶을 저당 잡히게 만든다면, 저임금은 현재의 삶도 힘들게 만든다.

즐겁지 않은 일자리

고용 불안이나 저임금처럼 눈에 보이는 수치로 드러나는 것은 아닐지라도 일자리에서 또 중요한 것이 있다. 즐거움이나 보람이 그것이다.

직장인이 회사에서 보내는 시간은 매우 많다. 가족이나 친구들과 보내는 시간보다 회사에서 보내는 시간이 훨씬 더 길다. 그러니 직장 생활이 괴로우면 인생이 괴롭다. 사람들이 직장을 선택할 때 돈뿐만 아니라 회사 분위기도 보는 것은 이 때문이다. 제아무리 돈을 많이 받는다 해도 하루 중 대부분의 시간을 보내는 직장에서의 생활이 힘들고 괴롭다면 행복할 수가 없다. 즐거운 직장 생활이야말로 모두가 바라는 것이다.

그렇다면 어떤 것이 즐거운 직장 생활일까? 동료들과의 좋은 관계, 일을 하며 느끼는 보람 같은 것이 즐거운 직장 생활에 일조한다. 비정규직이라고 해서 이런 것을 누리지 말라는 법은 없지만, 구조적으로 그렇게 되기가 쉽지 않다는 것이 문제다.

동료들과의 즐거운 관계? 물론 비정규직 노동자도 동료들과 사이좋게 지낼 수 있다. 그러나 아무래도 정규직 동료에 대해서는 어딘가 벽을 느끼기 마련이다. 인간적인 차원에서가 아니라, 정규직과 비정규직 간의 차별 때문에 그렇게 느끼게 되는 것이다. 보너스를 받고 좋아하는 정규직 동료들 사이에 보너스 같은 것과는 인연이 없는 비정규직 노동자가 끼어들어 기뻐할 수는 없다. 회사에

통근 버스에서
정규직과 비정규직의
자리를 분리한다는 한
회사의 공고문(출처 :
금속노동조합)

통근버스 좌석 지정제 시행 안내

2008년 12월 18일(목)부터 통근버스 좌석 지정제
(■■조선 정규직원과 협력업체 직원 좌석 구분)를
아래와 같이 시행하오니 숙지하여 통근버스 좌석
이용시 차질 없도록 해주시기 바랍니다.

- 아   래 -

■■조선 정규직원 통근버스 좌석 위치 : 1번 ~ 23번
협력업체 직원 통근버스 좌석 위치 : 24번 ~ 45번

총 무 부 장

비정규직에게 승진은 거의 해당 사항이 없다. 아무리 열심히 일해도 고용 계약이 끝나면 유효 기간이 끝난 상품처럼 일자리를 떠나야 한다. 회사에 대한 애정을 가질 수도, 목표를 가질 수도 없는 생활이 행복할 리 없다. 이것이 비정규직 노동자의 비애, 비정규직 일자리의 한계이다.

따라서는 정규직 직원들이 이용하는 휴게실, 식당, 체육관, 휴양 시설을 비정규직 직원은 이용하지 못하게 하는 식으로 차별을 두기도 한다. 같은 회사의 정규직 동료들과 어울려 지낼 공간조차 없는 것이다. 아니, 비정규직의 입장에서는 회사나 동료와 너무 친해지고 정이 들어도 문제다. 어차피 비정규직은 곧 회사를 떠나야 하는 몸이니 말이다.

　일하는 보람? 물론 비정규직 노동자도 자기 일에 자부심과 보람을 느낄 수 있다. 그러나 스스로 자부심과 보람을 느끼는 것도 중요하지만, 자기가 한 일이 공식적인 보상으로써 인정받을 때 노동자는 더욱 기쁨을 느끼기 마련이다. 회사에서의 공식적인 보상은 승진이다. 직장인들은 승진을 단지 임금이 올라가는 것으로만 생각하지 않는다. 승진을 지금까지의 업무 성과를 인정받고 더 많은 책임과 자율성을 부여받는 것으로 생각하기 때문에 그것을 직장 생활의 목표로 삼는 것이다. 하지만 비정규직에게는 승진이란 거의 해당 사항이 없는 얘기다. 아무리 열심히 일해도 고용 계약이 끝나면 유효 기간이 끝난 상품과 같은 신세가 되어 일자리를 떠나야 한다. 회사에 대한 애정을 가질 수도 없고 목표를 가질 수도 없는 생활이 행복할 리 없다. 이것이 비정규직 노동자의 비애, 비정규직 일자리의 한계이다.

2

제도적 문제

노동권 제도와 노동권의 존재 이유

이런 문제점들을 안고 있는 비정규직의 확산은 또 다른 사회 현상과 결과를 낳는다. 특히 노동권 제도들과 관련해 문제가 된다. 새로운 현상이 출현하면 기존 제도로는 그것을 다루기가 어렵거나 적합하지 않다는 문제가 생기게 되는데, 비정규직은 노동권을 보장하는 제도의 실효성을 떨어뜨린다.

노동권을 보장하는 제도로는 크게 두 가지가 있다. 하나는 노동조합인데, 이 노동조합을 통해 학교 사회 시간에 배운 노동 3권(단결권, 집단교섭권, 집단행동권)이 보장된다. 기업에 고용된 노동자들은 노동조합을 만듦으로써 집단적으로 단결해, 기업과 노동 조건에 대해 교섭을 하고 교섭이 잘 안 될 경우 파업을 할 권리가 있다. 다른 하나는 노동 조건의 최소 기준을 법으로 정해 놓은 것으로, 한국에서는 근로기준법이 이에 해당한다. 노동 시

노동권
보통 노동권이라고 하면 노동 3권을 연상하게 되지
만, 여기에서는 노동자 보호를 위한 법과 제도가 보
장하는 모든 권리를 지칭하는 것으로 넓게 사용했다.

간, 임금, 해고 사유, 일터 환경 등에서 노동자들은 적어도 최소한의 조건을 보장받을 권리가 있다. 근로기준법은 이를 규정한 것이다. 이처럼 노동조합과 노동조건 기준법은 노동자들의 권리를 보장하는 제도들이다.

2009년 3월
한국노총
(한국노동조합총연맹)
이 구조 조정 대책
특별위원회를 구성해
회원조합대표자
회의를 진행하는 모습
© 한국노총

　그런데 시장에서의 자유로운 사적 계약을 기본으로 하는 자본주의 사회에 왜 노동권이라는 것이 존재하고 이런 노동권 제도들이 만들어져 있는지 의아할 수 있다. 노동 시장에서 고용주와 노동자가 노동 조건이라는 가격을 놓고 서로 흥정한 끝에 합의에 이르면 거래를 하는 것이 고용 계약이다(2장 깊이 읽기 '노동 시장' 참조). 그런데 노동자들이 노동조합이라는 것을 만들어서 담합을 해도 되는 것일까? 법으로 사적인 계약의 조건을 규제해도 되는 것일까? 담합이나 규제는 자유로운 시장 거래를 왜곡하는 것이 아닐까? 왜 노동자들에게만 그런 특혜를 주는 것일까?

　하지만 시장 계약을 중시하는 자본주의 사회에서도 노동자들의 노동권을 인정하는 데는 이유가 있다. 우선 형식상 자유로운 시장 거래와 계약이라고 해도 실제로는 거래와 계약의 두 당사자가 평등한 위치에 있지 않기 때문이다. 자유로운 거래라고는 하지만, 한쪽은 이 거래가 성사되지 않을 경우 목숨을 잃게 되는 상황이고 다른 쪽은 이 거래가 이루어져도 그만, 이루어지지 않아도 그만인 상황이라고 생각해보자. 당연히 절박한 전자는 흥정에서 불리한 입장에 놓여 제값을 받을 수 없을 것이다. 극단적인 설정이기는 하지만, 실제로 고용주와 노동자 사이의 거래 상황은 이와 비슷하다. 노동자는 고용이 되어야 생활을 할 수 있다. 계속 취직을 못한 상태로 지내다가는, 진짜로 목숨을 잃지는 않더라도, 생계가 곤란해져 빚이 늘어나고 신용 불량자가 되어서 돌이키기 어려운 구렁텅이에 빠지게 된다. 하지만 상대편인 기업으로서는 다른 사람을 고용하면 그만이다.

물론 일자리가 충분하면 이런 일은 잘 생기지 않는다. 취직할 곳이 많다면 노동자 역시 다른 곳을 알아보면 그만이다. 나아가 일할 사람이 부족하다면 오히려 노동자가 큰소리를 치고 기업이 매달리는 상황이 될 것이다. 하지만 자본주의 역사에서 일자리보다 일할 사람이 부족한 때는 아주 특별한 일시적인 경우밖에 없었으며, 일자리에 비해 일하고자 하는 사람이 훨씬 많은 게 일반적이다. 그렇기 때문에 일자리를 구하고 유지하지 못하면 살아가기 어려운 노동자는 거래 상대인 기업보다 훨씬 불리한 입장에서 계약을 체결할 수밖에 없다.

이런 상황을 그냥 놔두면 노동 조건은 점점 나빠진다. 즉 임금은 적어지고 노동 시간은 길어지며 일하는 환경은 나빠질 것이다. 노동자가 그런 열악한 조건을 받아들이지 않으려 하면 고용주인 기업은 그를 해고하고 다른 사람을 쓰면 그만이다. 일할 사람들이 얼마든지 있는 한, 그런 조건이라도 감수하겠다는 사람이 있을 테니 말이다. 이렇게 점점 노동 조건이 나빠지다 보면 취직을 해서 월급을 받아도 제대로 생계유지를 하지 못하는 지경에 이를 수도 있다.

그래서 어느 정도 양측 힘의 균형을 맞추기 위해 노동자 측에 노동권을 부여하는 것이다. 노동조합을 노동 시장에서의 노동자들 간의 담합이라고 볼 수도 있지만, 노동자들은 그렇게 단결을 해야 고용주인 기업과 당당하게 거래할 수 있다. 또한 노동 조건이 지나치게 나빠져 일을 해도 먹고살 수 없는 상황에 이르지 않기 위해서는 최저한도의 기준을 정해놓아야 한다. 노동조합과 노동조건 기준법은 이러한 측면에서 어느 자본주의 나라나 인정하고 있는 제도들이다.

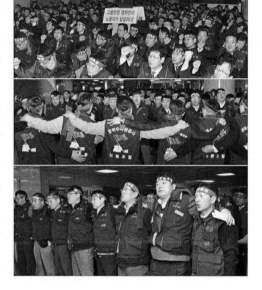

한국수자원공사
노동조합의 집회 모습
© 한국노총

그런데 비정규직 고용과 이 노동권 제도들이 무슨 상관이 있을까? 물론 노동권을 보장하는 이 제도들은 비정규직에게도 어김없이 적용되며, 비정규직 고용이 법으로 보장된 노동권을 어기는 불법적인 일도 아니다. 그러나 실질적인 내용

노동조합이 기업 단위로 존재하는 것으로, 한국과 일
본에서 노동조합의 주요한 형태다. 한국의 경우 기업
노동조합을 통합하여 산업별 노동조합으로 전환하는
것을 꾀하고 있으나, 아직도 실질적인 노동조합의 주
요 활동은 기업 단위로 이루어진다.

에 있어서는 비정규직 고용이 노동권 보장의 취지를 무력화할
수 있다. 그 점을 살펴보자.

비정규직과 노동조합

비정규직은 정규직에 비해서 노동조합 조직률이 매우 낮다. 비
정규직이라고 해서 노동조합을 만들거나 노동조합에 가입할 수
없는 것은 아니다. 노동조합은 노동자들에게 보장된 권리로서
당연히 비정규직에게도 적용된다. 그런데도 비정규직 노동자들
은 대개 노동조합에 가입하지 않는다.

여기에는 그럴 수밖에 없는 사정이 있다. 이들은 계약 기간이
끝나면 회사를 떠나야 하기 때문에, 얼마 안 있어 그만두게 될
직장의 노동조합에 가입해 열심히 참여할 동기가 없다. 회사에
대한 애착을 갖기 어려운 것처럼 노동조합 참여의 의지를 갖기
도 어려운 것이다. 게다가 한국에서는 노동조합 조직이 기업별
체계로 되어 있어서 더욱 그렇다.

이보다 더 큰 이유는, 노동조합을 만들거나 거기에 가입하면
회사에 밉보이지 않을까 하는 우려에 있다. 비정규직의 계약 기
간이 끝나면 회사는 재계약 여부를 결정한다. 비정규직 노동자의
입장에서는 계속 회사에 다니게 될지 실직을 하게 될지의 중대한
기로에 서는 셈이다. 재계약이 되어 계속 회사에 다니려면 회사

에 잘 보여야 하는데, 노동조합 가입은 회사에 좋은 인상을 주는 요소가 아니다. 아무리 노동조합이 노동자에게 보장된 권리라고 하더라도 기업 입장에서는 사사건건 따지고 드는 노동조합이 탐탁할 리 없다. 따라서 비정규직 노동자들은 노동조합에 가입했다가 회사와 재계약을 못하게 될 가능성을 염려하지 않을 수 없다.

앞서 말했듯이 한국에서는 거의 모든 비정규직 일자리에 계약 기간이 정해져 있는 만큼 이런 상황은 거의 모든 비정규직에 해당하는 이야기이며, 기간제와 함께 다른 유형을 겸한 비정규직인 경우에는 또 다른 어려움들이 추가된다.

간접 고용의 경우 노동조합을 만들어도 교섭 대상이 불분명하고 교섭의 실효성이 없다는 게 문제다. 노동조합을 만들었으면 교섭을 해야 한다. 그런데 누구와? 일을 시키는 A회사? 아니면 고용을 한 B회사? 형식적으로는 고용을 한 B회사를 상대로 교섭하는 게 맞을 것이다. 하지만 실제로는 간접 고용을 하고 일을 시키는 A회사가 노동 조건을 더 크게 좌우한다. 임금은 이 회사가 책정한 비용 내에서 결정되고, 일하는 시간이나 환경도 실제로 이 회사 소관이기 때문이다. 인력 공급 업체인 B회사는 이런 문제에 대해서 크게 권한이 없으므로, 노동조합이 B회사와 교섭해봤자 실효성 있는 논의를 하기가 어렵다. 따라서 노동조합 활동이 효과를 가지려면 A회사를 상대해야 하는데, 이 회사는 자기가 고용 주체가 아니라는 이유로 교섭을 회피한다. 이렇게 되

특수 고용 노동자들의 노동조합
화물 트럭이나 건설 기계 운전기사, 학습지 교사, 보
험 설계사 등은 특수 고용으로 일하고 있지만 노동조
합을 만들어 활동하고 있다.

면 노동조합을 만들어봤자 크게 할 수 있는 일이 없다. 오히려 A
회사가 노동조합이 성가시다는 이유로 인력 공급 업체인 B회사
와의 계약을 해지해버리면 노동자들은 일자리만 잃게 된다. 노
동조합이 있어도 실효성이 적고 오히려 일자리를 잃을 위험이
높아지니 노동조합 조직률이 낮을 수밖에 없다.

또 특수 고용은 노동자가 형식상 고용된 사람이 아니라 개인
사업자로 되어 있기 때문에 노동조합을 보장받을 수 없다. 즉 단
결권, 집단교섭권, 집단행동권의 노동 3권이 특수 고용 노동자들
에게는 적용되지 않는다. 그럼에도 불구하고 특수 고용 노동자
들이 노동조합을 만드는 경우도 있지만, 이 활동이 법적으로 보
호받는 것이 아니기 때문에 기업이 교섭에 나서지 않으려 하고
또 노동자들이 파업으로 대응하기도 어렵다.

노동조합의 권리가 비정규직에게 부여되지 않는 것은 아니지
만, 이러한 문제점들 때문에 사실상 비정규직 노동자들은 노동
조합을 만들어 활동하기가 어렵다. 결국 비정규직 고용은 노동
자들에게 부여된 노동조합의 권리를 실질적으로 무력화하는 결
과를 낳는다.

기업이 강력한 무기를 쥐다

노동 조건의 최소 기준을 정한 근로기준법 역시 비정규직에게

노동조합의 권리가 비정규직에게 부여되지 않는 것은 아니지만, 이러한 문제점들 때문에 사실상 비정규직 노동자들은 노동조합을 만들어 활동하기가 어렵다. 결국 비정규직 고용은 노동자들에게 부여된 노동조합의 권리를 실질적으로 무력화하는 결과를 낳는다.

적용되지 않는 것은 아니다. 근로기준법을 어긴 고용주를 고발하면 고용주는 법적 제재를 받게 된다. 하지만 문제는 비정규직 노동자는 부당한 일을 당해도 고용주를 고발하기가 어렵다는 데 있다.

노동권을 보장하게 된 계기를 다시 상기해보자. 아무리 형식적으로 자유로운 계약이라고 할지라도 고용주와 노동자의 관계는 기본적으로 불평등하기 때문에, 이를 상쇄하기 위해서 노동자 측에 노동조합이나 노동 조건 기준법과 같은 제도로 일정한 권리를 더해준 것임을 앞에서 우리는 살펴보았다. 이러한 제도가 없다면 고용주인 기업은 노동자를 상대로 해고 위협이라는 강력한 무기를 마음대로 휘두를 수 있을 것이며, 노동자는 고용주의 부당함에 대해 항의하거나 심지어 법에 호소할 수도 없게 될 것이다.

예를 들어 작업장에 안전장치가 되어 있지 않아 일하다가 다칠 위험이 있다고 해보자. 노동자는 이를 고발해 안전장치 설치를 유도할 수 있다. 하지만 이때 고용주가 화가 나서 당장 그 노동자를 해고해버릴 수 있다면, 그저 안전하게 일하기 위해서 항의하고 고발했을 뿐인 노동자는 실업자가 되어 먹고살기만 어려워진다. 이런 상황에서는 어쩔 수 없이 노동자가 그냥 참고 지낼 수밖에 없다. 따라서 노동자 스스로가 법적으로 보장된 권리를 찾아 행사할 수 있으려면 고용주가 자의적으로 해고를 할 수 없도록 해야 한다. 노동 조건의 기준을 규정한 근로기준법이 무엇보다도 해고를 함부로 할 수 없도록 법으로 정해놓은 것은 이 때문이다.

하지만 누누이 말했듯이, 비정규직에 대해서는 기업이 주기적으로 해고할 수 있는 기회를 갖게 된다. 정해진 계약 기간이 끝나면 재계약 여부를 기업이 결정하기 때문이다. 따라서 비정규직 노동자가 기업의 부당한 일에 항의했다가는 계약 해지라는 명목으로 해고될 가능성이 높다. 결국 비정규직의 경우에는 노동자를 위한 보호막을 해체당한 것이나 다름없으며, 반대로 기업에는 가장 큰 무기를 쥐어주게 되는 것이다.

간접 고용이나 특수 고용은 이 밖에 또 다른 문제들을 야기한다. 고용주와 사용주가 분리되어 있는 간접 고용의 경우, 앞서 언급한 것처럼 노동조합의 교섭 상대가 누구인지도 불분명하거니와, 직장에서 발생하는 일에 대한 책임 소재 또한 불분명하다. A회사에 파견되어 일하고 있는데 갑자기 야근할 일이 생겼다고 해보자. 야근 수당은 어떻게 받을 수 있을까? A회사에 소속된 정규직 직원들은 그 회사에서 받으면 된다. 반면에 간접 고용 노동자는 A회사가 아니라 자신을 고용해 파견한 B회사에서 임금을 받아야 하지만, 실제로 야근을 종용한 곳은 A회사다. 만약 B회사가 수당을 더 줄 수 없으니 차라리 그냥 퇴근을 하라고 한다면? 그렇다고 야근을 해야 할 상황이 발생했는데 모른 척하고 노동권 제도들이 비정규직에 적용되지 않는 것은 아니지만, 비정규직 노동자들이 실제로 그 제도들의 뒷받침을 받기는 어렵다. 결국 비정규직 고용은 기존의 노동권 제도들을 부적합한 것으로 만들고 있다.

퇴근해버릴 수도 없는 노릇이다. 간접 고용 노동자는 야근 수당을 받으며 일하는 정규직 동료들 옆에서 홀로 투덜거릴 수밖에 없다. 야근 수당은 법에 정해진 노동 조건 기준이지만, 비정규직 노동자의 야근 수당은 고용주와 사용주가 분리된 틈 사이로 사라져버리는 셈이다.

특수 고용은 노동자가 고용된 사람이 아니라 개인 사업자로 취급되기 때문에 근로기준법 등을 적용받기 어렵다. 일하다가 당하는 사고나 위험도 기업이 책임져주지 않고 개인이 해결해야 하는 경우가 많다.

노동법은 고용된 노동자를 위해서, 그것도 정규직을 전형적인 고용 형태로 상정해서 설정돼 있다. 예전에는 그것이 적절할 수 있었다. 일자리는 기본적으로 정규직이어야 한다고 생각하고, 적어도 그렇게 만들어갈 것이라고 생각하던 시대에는 말이다. 하지만 지금 정규직은 더 이상 전형적인 일자리가 아니다. 이런 괴리로 인해 비정규직의 노동권은 실종되어버린다. 노동권 제도들이 비정규직에 적용되지 않는 것은 아니지만, 비정규직 노동자들이 실제로 그 제도들의 뒷받침을 받기는 어려운 것이다. 결국 비정규직 고용은 기존의 노동권 제도들을 부적합한 것으로 만들고 있다.

사회적 문제

계층 구조의 양극화

비정규직의 확산이라는 현상은 사회의 전체적인 모습을 바꾸기도 한다. 한국에서도 최근 사회의 양극화 문제를 많이 우려하고 있다. 중간층이 얇아지고 잘사는 계층과 못사는 계층의 격차가 커지는 이 양극화 문제와 관련해서도 비정규직 문제는 빠짐없이 거론된다. 비정규직 문제는 어떤 점 때문에 양극화와 관련되는가? 그것은 정규직과 비정규직의 임금 격차 때문이기도 하지만, 근본적으로는 자본 소득 대 노동 소득의 차이 때문이다.

비정규직 고용이 기업에 유리한 것이라고 한다면 일반적으로 다음과 같은 기대를 해볼 수 있다. 비정규직 고용이 기업 경영에 도움이 된다면, 그래서 기업들이 잘되고 경제가 활성화된다면, 결국 그 혜택이 노동자들에게 돌아가서 임금이나 모든 노동 조건이 좋아지게 되는 게 아닐까?

펀드
여러 사람들에게서 돈을 모아 주식이나 공사채 등에
투자하고 그 수익을 배분하는 투자 기금.

사실 이런 것이야말로 케인스주의적인 사고방식이다. 기업과
경제가 잘되면 노동자들이 풍요로워지고, 노동자들의 풍요는 다
시 기업과 경제를 활성화한다는 순환 구조. 그런데 지금 세계화
된 경제의 시대에는 이런 순환이 제대로 이루어지지 않는다. 그
렇다면 기업의 이윤은 도대체 어디로 가는 것일까? 기업들이 이
윤을 남기고 경제가 활성화된다면 돈이 풍족하게 남아돌 텐데,
노동자가 아니면 누가 그 풍요의 혜택을 받는다는 것일까?

기업의 이윤은 노동 시장이 아니라 금융 시장 쪽으로 흘러든
다. 기업이 돈을 많이 벌더라도 그 돈은 직원들에게 임금을 많
이 주고 일자리의 질을 높이는 데 쓰이기보다는 투자자의 몫으
로 우선 돌아간다. 흔히 말하는 펀드 투자가 이런 식으로 이익을
보는 것이다.

케인스주의가 끝나면서 기업의 이윤은 노동자들에게 돌아가
지 않게 되었다. 앞서 설명한 대
로 세계화된 경제에서는 국내
노동자층의 소비가 그리 중요하
지 않게 되었고, 또 경제 환경의
불확실성이 커져서 기업이 고용
안정이나 고임금을 보장하기 어
려워졌기 때문이다. 이는 경제
가 좋아져도 노동 소득, 즉 일

미국 금융 시장의
중심지인 월 스트리트
© RMajouji

을 해서 받는 임금은 별로 늘어나지 않는다는 뜻이기도 하다. 그러나 소득이 없고 소비가 없으면 경제 자체가 돌아가지 않을 터이니, 노동 소득을 대신하는 다른 소득이 있어야 할 것이다. 그것이 바로 자본 소득이다. 자본 소득은 투자를 해서 얻는 이익이며, 전체 소득에서 자본 소득이 차지하는 비중이 점점 높아지고 있다. 요즘 펀드니 뭐니 하는 각종 금융 상품들이 쏟아져 나오고, 주식 시장 지표가 경제 활성화의 가늠자가 되며, 정책적으로 주식 투자가 조장되는 것도 이 때문이다. 경제가 좋아져도 일자리의 질을 높일 수는 없으니, 대신 투자를 통한 자본 소득에 눈을 돌리라는 것이다.

문제는 사람들의 소득에서 노동 소득보다 자본 소득이 차지하는 비중이 커질수록 사회 양극화가 심화된다는 것이다. 투자를 하려면 여윳돈이 있어야 한다. 여윳돈이 있는 사람은 그것을 금융이나 부동산 같은 시장에 투자해 더 많은 소득을 얻어낼 수 있지만, 먹고살기에 급급한 사람들은 그럴 수가 없다. 결국 부익부 빈익빈富益富 貧益貧의 형국이 되는 것이다.

부익부 빈익빈은 자본주의 경제의 기본적인 병폐라고 이야기되지만, 노동 소득의 비중이 크면 이것은 크게 문제 되지 않을 수 있다. 성실히 직장에 다니며 열심히 일하는 것만으로 경제적 풍요를 누릴 수 있기 때문이다. 하지만 일자리는 좋아지지 않고 주로 투자자들에게 풍요의 몫이 돌아가는 상황이라면, 여윳돈이

지니 계수

소득 분배의 정도를 나타내는 통계 지표. 한 국가의 빈부 격차와 계층 간 소득 분배의 불균형 정도를 나타낼 뿐만 아니라 국가 간 비교 지표로도 많이 이용된다. 0에서 1 사이의 값을 가지며 1에 가까울수록 소득 분배의 불평등이 심하다.

한국의 지니 계수

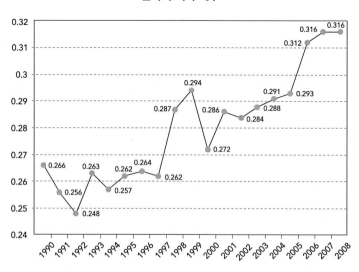

출처: 한국은행

있는 사람들은 경제가 좋아진 만큼 이익을 보겠지만 그렇지 못한 사람들은 별로 나아질 게 없다. 결국 경제 상황이 좋아진다고 해도 양극화는 오히려 더 심해진다. 한국에서 신자유주의가 본격적으로 도입된 1998년 이후에 한국의 지니 계수가 급격하게 높아진 것이 이를 증명한다.

비정규직 노동자들은 이러한 상황의 피해자다. 이윤이 투자자들에게 돌아간다면 기본적으로 자산이 많은 부자들이 유리할 것이고, 또 여윳돈을 저축할 수 있는 안정된 정규직 노동자도 이익

서울 강남구 타워팰리스와 그 바로 옆 포이동의 판자촌 ⓒ 김상우

한마디로, 경제가 좋아져도 일자리는 좋아지지 않는다. 이것이 케인스주의와는 다른 신자유주의 경제의 흐름이다. 경제 상황이 좋아질수록 상대적으로 이익을 보는 것은 처음부터 경제적 여유가 있던 계층이고, 비정규직은 별로 나아질 게 없다. 따라서 비정규직이 많아진다는 것은 사회 양극화가 심화된다는 뜻이다.

을 볼 수 있다. 하지만 낮은 임금에 시달리는 비정규직 노동자들은 이런 여유가 없다. 일단 종잣돈이 있어야 투자를 할 것이 아닌가. 또 투자란 결과가 불확실하기 때문에 손실이 따를 수도 있다. 손실을 좀 봐도 타격을 별로 입지 않는 자산가들이나 적어도 계속 직장에 다니며 일정한 소득을 기대할 수 있는 정규직이라면 몰라도, 언제 실업자가 될지 모르는 비정규직 노동자는 과감하게 투자를 하기도 어렵다. 결국 비정규직은 적은 노동 소득을 상쇄할 자본 소득을 얻어낼 수도 없는 것이다. 비정규직 고용이 기업 경영과 경제 활성화에 도움을 준다고 하지만, 경제가 나아진다고 해서 비정규직이 정규직화되거나 임금이 오르는 것도 아니다. 결과적으로 비정규직은 부익부 빈익빈에서 상대적으로 빈익빈 쪽에 속하게 된다.

한마디로, 경제가 좋아져도 일자리는 좋아지지 않는다. 이것이 케인스주의와는 다른 신자유주의 경제의 흐름이다. 그리하여 노동 소득이 차지하는 비중이 줄고 자본 소득의 비중이 늘어난다. 하지만 비정규직 노동자들은 줄어든 노동 소득을 자본 소득을 통해 상쇄할 여유를 원천적으로 갖고 있지 않다. 경제 상황이 좋아질수록 상대적으로 이익을 보는 것은 처음부터 경제적 여유가 있던 계층이고, 비정규직은 별로 나아질 게 없다. 따라서 비정규직이 많아진다는 것은 사회 양극화가 심하된다는 뜻이다.

경제가 발전한 나라에서 계층 분포는 중간층이 두꺼운 다이아

몬드 형태로 나타난다고 알려져 있다. 후진국일수록 상층이 좁고 하층으로 내려갈수록 넓어지는 피라미드 형태를 띠고, 경제가 발전할수록 다이아몬드 모양이 되어간다는 것이다. 그러나 이것도 옛날 얘기다. 신자유주의적 패러다임에서는 경제가 좋아질수록 상층부에 그 혜택이 집중되어 호리병 모양의 계층 구조, 즉 중간층이 얇아지고 양극화가 심화되는 계층 구조를 보일 수도 있는 것이다. 이런 사회 모습 역시 비정규직과 마찬가지로 새로운 경제적 패러다임에 기인한 것이며, 비정규직의 확산은 이런 모양의 사회를 만드는 데 일조한다.

사회 분위기의 악화

비정규직 문제로 고통 받는 사람들은 비정규직으로 일하는 사람들이다. 비정규직 문제는 어쨌든 정규직으로 일하는 사람들과는 상관없는 얘기인 것이다. 그렇다면 비정규직 문제를 개인이나 일부 사람들의 어려움으로 간주해도 되는 것일까? 또는 비정규직 노동자들이 알아서 해결하도록 놔둬도 되는 것일까?

그런데 그렇지가 않다. 비정규직의 증가는 전체 사회 분위기에 영향을 미치기 때문이다. 호리병 모양의 양극화 계층 구조는 피라미드 모양의 계층 구조보다 더 사회 불만과 갈등을 야기한다. 다 같이 힘들고 못살 때보다 상대적 박탈감이 더 크기 때문이다.

비정규직으로 취직해서 어려움을 겪는 것은 개인이지만, 비정규직 일자리가 많아진 것은 개인의 문제가 아니다. 비정규직을 원하지 않는데도 그런 일자리밖에 없어서 비정규직으로 일해야 한다면 불만이 생길 수밖에 없다. 예전 같으면 내가 못 배우고 능력이 없어 그렇다고 체념했을 수도 있지만, 지금은 워낙 비정규직 일자리가 많아서 그것을 개인의 탓으로 돌리기도 어렵다.

그러므로 비정규직 고용이 기업 경영에 도움이 된다고 설명하는 것으로는 설득력이 없다. 경제 활성화는 누구나 바라는 일이지만, 그것을 바라는 건 내가 행복하게 살 가능성이 높아진다는 기대 때문이 아닌가. 비정규직 노동자들 덕분에 나라 경제가 좋아져도 그들 개개인의 생활은 나아지지 않는다면 그들에게 희생을 떠안기는 것이나 다름없다. 따라서 이유야 어떻든 비정규직 일자리를 무수히 만들어내고 방치하는 사회에 대한 불만은 커지게 된다.

또 비정규직의 증가로 인해 사회적 분열과 갈등이 심화되기도 한다. 말하자면 사회 구성원들끼리 서로 미워하고 시기하는 분위기가 형성되는 것이다. 예를 들어 정규직 노동조합이 파업을 하면, 비정규직 노동자들은 '배가 불렀다'며 비아냥거리기도 한다. 비정규직은 노동조합을 만들기도 어려운데, 정규직은 비교적 좋은 노동 조건에서 일하는데다 노동조합의 권리까지 보장받아 파업을 하니 얄밉게 생각되는 것이다. 보편적으로 적용되어야 할 노동권이 정규직과 비정규직에게 사실상 차별적으로 적용되기 때문에 이런 갈등이 나타난다고도 볼 수 있다.

이처럼 갈등은 불평등한 구조에서 발생한다. 잘사는 사람들에 대한 미움과 시기, 범죄가 예전보다 더 많이 나타나고 있는 것도 개인의 인성 문제라기보다는 사회적 원인에서 비롯된 현상이다. 성실히 공부하고 일하면 어느 정도 안정되고 여유 있는 생활을 할 수 있을 것이라는 기대가 가능한 시대에는, 다른 사람들이야 어떻든 스스로 열심히 살아가는 데 주력하게 된다. 그러나 열심히 일하려고 해도 일자리는 비정규직뿐이고, 비정규직으로는 열심히 일해봤자 현재의 삶도 힘들고 미래의 희망도 찾기 어렵다면? 현실이 그러한데 자기만 성실하면 행복해질 수 있다고 생각하기란 쉽지 않다. 그런 상황에서 경제적 · 사회적 혜택마저 불평등하게 분배될 때 시기와 미움과 갈등이 싹트는 것은 오히려 자연스러운 현상이다.

사회에 대한 불만과 갈등의 증가는 자살과 범죄의 증가로 이어지기도 하며, 전체적으로 사회 분위기를 흉흉하게 만들 수밖에 없다. 비정규직 일자리의 고충과 직접적인 상관이 없는 사람들이라고 할지라도 이렇게 악화된 사회 분위기와 완전히 무관하게 살기는 어렵다. 그들도 그 사회 안에서 살고 있기 때문이다. 결국 좋지 못한 일자리가 사람들을 힘들게 만드는 매우 중요

한 요인임은 분명하며, 불행하고 힘든 사람이 많을수록 좋은 사
회라고 할 수 없다. 그렇기 때문에 비정규직의 증가는 단지 비정
규직으로 일하는 사람들만의 문제가 아니라 사회 전체의 문제
인 것이다.

노동권

본문에서는 노동권에 대해, 노동 시장의 두 거래자(노동자와 기업) 사이의 힘의 불균형을 상쇄하여 거래의 공정성을 보장하기 위해 노동자에게 부여된 것이라고 설명했다. 이런 설명도 틀린 것은 아니지만, 더 근본적으로 보면 노동권 부여는 노동이라는 상품의 특수성에 기인한다.

노동은 시장에서 거래되는 상품이지만 다른 상품과는 다른 특수한 점이 있다. 노동은 다른 상품과 달리 사람의 몸에서 분리해 구매자의 손에 넘겨줄 수 있는 것이 아니라, 오히려 인간의 삶의 일부분이다. 그래서 노동 시장에서 거래되는 것은 사실 '노동'이 아니라 '노동력'이라는 얘기도 있다. 즉 노동을 따로 떼어서 거래하는 것이 아니라 노동을 하는 능력을 지닌 사람의 삶의 일부분을 거래하는 것이다.

그리하여 노동(또는 노동력)의 가격은 다른 상품과 달리 인간의 삶 그 자체와 관련된다. 긴 노동 시간, 심한 노동 강도, 나쁜 노동 환경 등은 사람의 건강과 인생을 해칠 것이다. 또 노동을 팔아서 번 돈으로 살아가는 노동자가 낮은 임금밖에 받지 못한다면, 그들의 삶은 생활에 필요한 물품을 제대로 구입할 수가 없어 피폐해질 것이다.

따라서 제아무리 시장 원리를 중시하는 자본주의라고 할지라도 노동의 문제를 시장에만 맡겨놓을 수는 없다는 것이 노동권의 관념이다. 즉 노동이 인간의 삶의 일부분인 이상, 노동을 시장의 '상품'이 아니라 인간의 '권리'로 다루어야 한다는 것이다. 인간이라면 모두 인간답게 살 권리가 있다는 생각이 노동권의 관념에는 깔려 있다.

처음부터 이런 사고가 지배적이었던 것은 아니다. 인간의 노동이 노동 시장에서 거래되기 시작한 자본주의 초기에는 노동이 상품 그 이상의 것이 아니었다. 노동의 가격은 당연히 수요 공급 원리에 의해서 결정되어야 한다고 여겨졌다. 이런 생각으로 인해 사람들의 삶이 망가지고 심지어 목숨이 희생되어도 그것을 당연시하는 사람들이 많았다. 냉혹하고 무자비해 보일지라도 철저한 시장 원리만이 사회를 진보시킬 것이라고 시장자유론자들은 생각했던 것이다. 이들은 당연히 노동 시장에서의 공급자 담합인 노동조합과 국가가 시장을 규제하는 노동법에 대해 반대했다.

그러나 모든 사람이 이렇게 생각했던 것은 아니다. 시장 원리보다 인간의 삶이 더 중요하다고 생각한 사람들도 있었고, 고통스러운 삶을 직접 겪던 노동자들이 저항에 나서기도 했다. 이것이 노동 운동이다.

시장자유론자들과 노동자들 사이의 갈등은 폭력과 희생을 동반하기도 했다. 자본주의가 처음 시작된 유럽과 미국에서도, 노동조합을 만들거나 노동법을 위한 시위를 벌이다가 진압 과정에서 죽거나 체포되어 사형된 사람들이 많이 있었다. 이보다 훨씬 후의 이야기지만 한국에서도 마찬가지였다. 한국이 근대 산업 국가로 출발하던 시기에 이미 자본주의 선진국에서는 노동권이 확립되어 있었고, 그래서 한국은 이 나라들의 제도를 본떠 형식적으로는 노동조합과 노동 조건 기준법을 갖추고 있었지만, 실제로는 이것이 거의 지켜지지 않았다. 그래서 1970년에 노동 운동가 전태일은 근로기준법을 준수하라고 외치며 분신자살을 했던 것이다.

이러한 희생 끝에 결국 한국에서도 노동권이 정착되었다. 지금은 자본주의 나라 어느 곳에서나 노동조합과 노동 기준법이 노동권을 보장하는 제도로서 인정받고 있다.

4장

비정규직을 둘러싼 논쟁과 현실

1

자본주의 선진국들의 비정규직 정책

경제 성장이 중요한가, 사회 통합이 중요한가? 우문이지만 안타깝게도 현답은 없다.

경제 성장은 그 자체가 목적이어서 중요한 것이 아니라, 사람들이 행복하게 살 가능성을 높여주기 때문에 중요하다. 경제가 미발전된 사회에서 사람들은 물질적인 욕구를 충족시키기가 어려우며 편리를 누리지 못할 것이다.

그러나 물질적인 편리가 전부는 아니다. 아니, 물질적인 욕구그 자체도 사회 분위기에 따라 수준이 다르다. 불만이 가득하고 서로 의심하고 시기하며 갈등을 빚는 속에서 사람들이 행복을 느낄 리는 없다. 불만과 갈등을 방지하고 사회 통합을 이루기 위해서는 구성원들 사이의 격차가 작아야 하고, 보편적이고 평등한 사회적 권리와 혜택이 존재해야 한다.

물론 경제 성장과 사회 통합이 서로 대립하는 개념은 아니기 때문에 둘 다 잘 이루어지는 것이 최선이다. 그러나 불행하게도

사회 통합
사회 구성원들이 분열과 갈등 없이 공통의 가치와 목
표를 지니고 있는 상태.

지금은 그 두 가지가 그리 조화롭게 이루어지
지 못하고 있는 시대다. 신자유주의적인 패러
다임에서 경제 성장의 혜택은 주로 상층부에
집중되는 경향이 있다. 즉 경제가 잘나갈수록
양극화가 심해져서 오히려 사회 통합이 어려워
질 수도 있는 것이다.

비정규직 문제도 바로 이런 딜레마에 빠진
다. 자본주의 경제에서 가장 중요한 주체는 기
업이다. 기업이 잘되어야 경제가 잘되는 것이
다. 그리고 지금 세계화된 경제 상황에서 비정
규직 고용 방식이 원활한 기업 경영에 이점이
되는 것도 사실이다. 하지만 다른 한편으로 비정규직의 확산은
많은 사람들을 불행하게 만들고 있으며, 사회적 불만과 갈등을
증폭시키고 있다. 결국 비정규직 문제는 쉽게 풀리기 어려운 것
일 수밖에 없다.

"비정규직 없는 나라
우리나라 좋은 나라"
라는 피켓을 들고
비정규직 문제 해결을
주장하는 노동자들
© 민중언론 참세상

어느 쪽에 중점을 둘 것인가? 이에 대한 견해 차이가 비정규직
문제에 대한 논쟁에서 대립 구도를 형성한다. 비정규직 고용을
허용함으로써 기업을 도와야 하지 않을까? 그래야 경제가 잘되
지 않을까? 아니면 많은 사람들에게 고통을 주는 비정규직 고용
을 금지해야 하지 않을까? 그래야 사회가 안정되지 않을까? 이
둘 사이에서 적정선을 찾는 것이 해결책이 될 수도 있지만, 이

적정선을 찾기란 그렇게 쉬운 일이 아니다. 그래서 비정규직 확산에 대한 대응을 놓고 격렬한 논쟁이 끝없이 계속되고 있는 것이다.

다른 나라들도 예외는 아니다. 근본적으로 비정규직의 확산은 세계화되고 신자유주의 패러다임으로 바뀐 자본주의 경제 흐름에서 비롯된 현상이다. 즉 비정규직은 세계적인 현상이며, 특히 한국보다 먼저 자본주의 선진국들이 논쟁하고 시행착오를 겪어온 문제이다. 자본주의 선진국인 서유럽 국가들과 미국에서의 비정규직 관련 동향을 살펴보도록 하자.

서유럽 : 비정규직을 허용한 복지 국가

독일, 오스트리아, 네덜란드, 프랑스, 영국, 스웨덴, 덴마크 등 서유럽 국가들은 자본주의가 처음 발전한 곳이기도 하고, 20세기에 들어와서는 복지 국가의 이미지가 강한 곳이기도 하다. 지금은 전성기 때보다 좀 퇴색했지만, 그래도 이 나라들은 여전히 세계에서 가장 사회 복지가 잘되어 있는 나라들이다.

이 서유럽 나라들이 20세기 들어 복지 국가를 건설한 데는 두 가지 이념이 바탕이 되었다. 우선 국가가 국민들에 대해 책임을 져야 한다는 이념이 있었다. 유럽에서는 사회주의 경향의 정당이 강한 편이고 자주 집권을 했다. 서유럽의 사회주의는 소련이나 동유럽에서처럼 혁명을 통해 자본주의적 시장 경제 자체를 완전히 제거하려고 하는 대신, 자유로운 시장 계약 이상으로 사회 연대와 통합을 중시하고, 사람들의 삶을 무자비한 시장 경쟁에 그대로 내맡겨서는 안 된다고 보는 방향으로 나아갔다. 시장 경쟁은 자본주의 경제의 원동력이기는 하지만 사회 구성원들 사이의 연대와 통합보다는 격차와 갈등을 유도하는 경향이 있기 때문에, 사회의 외형으로서 국가는 시장적인 계약과 경쟁을 억제하는 한이 있더라도 국민들이 모두 안정된 삶을 누릴 수 있도록 책임을 져야 한다고 본 것이다. 복지 정책은 이를 실현시키는 수단이었다.

그런데 이것은 경제 성장과 모순되지 않았다. 사람들의 삶을 안정시키면 그것이 다시 경제 발전을 자극했기 때문이다. 이는 앞서 설명한 수요 정책의 논리와 맞아떨어진다. 바로 이 케인스주의적 경제 패러다임이 복지 국가를 떠받치는 두 번째 이념이었다. 예를 들어 국가가 교육이나 의료, 주거와 같은 기본적인 생활 부문을 공급해주면, 사람들은 다른 민간 기업들의 상품을 소비할 여력이 더 많아져서 경제 성장을 자극하게 될 것이다. 또 늙어서 일을 할 수 없게 되었을 때나 질병·장애가 발생했을 때, 또는 실직했을 때와 같은 삶의 위기 시에 국가가 책임지고 연금 등을 지급한다면, 사람들은 미래에 대한 걱정 없이 현재의 소비를 계속할 수 있을 것이다.

하지만 물론 이러한 모든 지원을 국가가 맡아서 한 것은 아니었다. 자본주의 경제에서 노동자들에게 직접 임금을 지불하는 것은 기업이다. 임금을 많이 주느냐 아니냐, 또는 고용을 보장하느냐 아니냐와 같은 기업의 결정이 사람들의 살림살이에 결정적인 영향을 미친다. 따라서 국가는 법과 정책을 통해 기업이 이렇게 하도록 유도하거나 규제할 필요가 있었다.

그 결과 유럽의 나라들에서는 노동자들의 생활을 안정시키기 위해, 기업들이 특별한 사유가 있을 경우에만 비정규직 고용을 할 수 있도록 법으로 정해져 있었다. 1장에서 설명한 것처럼 임시적인 일이나 특정한 계절에 노동력 특수가 발생하는 일 등 비정규직을 고용해야 할 특별한 사유가 있는 경우에만 비정규직 고용이 가능했고, 항상 필요한 일상적인 업무와 관련해서는 비정규직 고용이 불가능했다.

그런데 노동자들의 생활을 윤택하게 해 수요를 증진시킴으로써 경제 성장을 이룬다는 케인스주의가 점점 효력을 잃어가는 시대가 왔다. 세계화가 이루어지면서 기업들은 자유로운 해고와 저임금이 가능한 다른 나라들로 진출할 수 있게 되었고, 이에 따라 유럽 선진국들 내에서는 오히려 일자리가 줄어들고 실업률이 크게 증가하게 되었다.

이렇게 실업 문제가 심각해지자 서유럽 나라들은 고심 끝에 비정규직을 허용하는 쪽으로 정책을 바꾸기 시작했다. 실업률

사회 보장

사회 구성원들이 안정적으로 살 수 있도록 국가가 보장해주는 정책. 국민들을 대상으로 한 사회 보험, 빈곤층에 대한 생활 지원, 공공 서비스 제공 등이 이에 포함된다.

이 높아지자 사회 보장social security을 책임지는 국가의 재정적 부담도 늘어나 어려움이 닥쳤던 것이다. 게다가 개인의 입장에서도, 아무리 사회 보장이 잘되어 있다고 해도, 실업자로 지내는 것보다는 취직해서 일을 하는 편이 낫다. 결국 실업보다는 차라리 비정규직이 낫다는 판단에서, 이 나라들은 기업에 부담이 덜한 비정규직 고용을 허용하는 쪽으로 방향을 전환한 것이었다. 자본주의 선진국들은 한국보다 더 이른 시기에 세계화와 신자유주의적 경제 흐름에 들어섰기 때문에, 이러한 방향 전환은 이미 1980년대부터 이루어졌다. 하지만 나라별로 비정규직 허용의 편차는 상당히 크다.

독일은 1985년에 처음 임시법을 통해, 특별한 사유가 없어도 기간제 고용이나 간접 고용을 할 수 있도록 허용했다. 이는 당시 심각했던 실업 문제를 해결하기 위한 것으로 5년 시한을 정해놓은 것이었다. 즉 5년 후 상황이 좋아지면 이 법을 폐지하고 다시 비정규직을 규제하는 쪽으로 되돌아가겠다는 뜻이 전제돼 있었다. 하지만 5년 후에도 실업 문제가 크게 개선되지 않자 이 비정규직 허용 법은 다시 5년이 연장되었고, 5년 후 또다시 재연장되었으며, 결국 2000년에 노동법이 전면 개정되면서 완전히 정착되었다. 결국 독일에서는 비정규직 고용을 허용하는 쪽으로 방향을 잡게 된 것이다. 그럼에도 불구하고 사실 독일의 비정규직 비율은 오히려 상당히 낮은 편인데, 그것은 독일의 역사적 전통과 고용 관행 때문인 것으로 해석된다.

　반면 프랑스는 여전히 원칙적으로 비정규직 고용을 허용하지 않고 있다. 비정규직을 허용하려는 시도가 없었던 것은 아니다. 프랑스에서도 1980년대 이후 실업률이 크게 증가했고, 이에 따라 실업 문제를 개선하기 위해서는 비정규직 고용을 확대해야 한다는 목소리가 높아졌다. 그러면서 비정규직 고용 허용 사유가 일부 완화되기도 했으나, 아직도 원칙적으로는 특별한 사유가 없는 한 마음대로 비정규직을 고용할 수 없다. 사실 기업이나 경제 정책가들은 특별한 사유가 없어도 비정규직을 고용할 수 있도록 하려고 여러 번 시도했지만, 번번이 국민들의 반대에 부딪혀 좌절되었다. 가장 최근의 예로, 2006년에 청년 실업을 완화하기 위해서 26세 이하의 젊은이를 처음 고용할 때 2년 동안은 자유로운 해고가 가능한 비정규직으로 채용하는 것을 허용하는 법이 입안되었으나, 고등학생과 대학생들이 대규모 시위로 저항한 끝에 철회되었다. 그렇다고 프랑스의 상황이 다른 서유럽 선진국들에 비해 좋은 것은 아니다. 오히려 프랑스는 실업률이 높은 편이다. 그럼에도 불구하고 프랑스 국민들은 기본적으로 정규직이 일자리의 전형이어야 한다는 원칙을 지키고 있는 셈이다.

　다른 한편, 비정규직 고용을 허용했다가 다시 규제하는 쪽으로 전환한 경우도 있다. 스페인은 실업률이 높아진 1980년대부터 1990년대 사이에 노동법을 개정해 비정규직 고용을 허용했

2006년 3월 파리에서 열린, 최초고용계약Contratt première embauche(CPE)에 반대하는 시위 © Traroth

프랑스는 여전히 원칙적으로 비정규직 고용을 허용하지 않고 있다. 그렇다고 프랑스의 상황이 다른 서유럽 선진국들에 비해 좋은 것은 아니다. 오히려 프랑스는 실업률이 높은 편이다. 그럼에도 불구하고 프랑스 국민들은 기본적으로 정규직이 일자리의 전형이어야 한다는 원칙을 지키고 있는 셈이다.

경제 침체를 타개하려고 비정규직 고용을 허용한 나라도 있고, 사회 통합을 위해 정규직을 고수하는 나라도 있다. 비정규직 고용을 허용했다가 사회적 부작용이 심해져 다시 규제한 나라도 있다. 경제 성장과 사회 통합의 적정선은 사회 구성원들의 생각과 합의에 의해 정해진다.

다. 그러자 기업들이 일단 비정규직으로 신규 채용을 하게 되었고, 그 결과 비정규직 비율이 크게 늘어 임금 노동자의 3분의 1을 상회하는 수준에까지 이르렀다. 스페인 비정규직의 대부분은 주로 기간제 유형으로서, 당시 스페인은 비정규직의 비율뿐 아니라 유형에 있어서도 현재의 한국과 비슷한 상황이었다. 그리하여 스페인에서 비정규직 문제가 중요한 사회 문제로 떠올랐고, 결국 스페인은 다시 비정규직 고용을 규제하는 쪽으로 전환했다. 즉 예전과 같이 특별한 사유가 있을 때에만 비정규직 고용을 허용하게 된 것이다.

결국 사회 통합을 중시하는 서유럽 나라들도 경제를 위해 비정규직을 허용해야 하는 것이 아닌지 고심하고 있다. 하지만 서유럽의 경험을 보면 오히려 비정규직 고용에 어떤 올바른 길이 있는 것이 아님을 알 수 있다. 경제 침체를 타개하기 위해 결국 비정규직 고용을 허용한 나라가 있는가 하면, 사회 통합을 위해 정규직 원칙을 고수하는 나라도 있다. 비정규직 고용을 허용했다가 사회적 부작용이 심해지자 다시 옛 원칙으로 돌아간 나라도 있다. 경제 성장과 사회 통합의 적정선은 따로 정해져 있는 것이 아니라, 그 사회를 구성하는 사람들의 생각과 합의에 의해 정해진다고 볼 수 있다.

냉전 체제
2차 대전 후 미국을 필두로 자본주의 국가들이 한편을 이루고, 소련을 필두로 공산주의 국가들이 다른 한편을 이루어 대립하고 경쟁했던 세계적 정치 상황을 일컫는다. 1991년에 소련이 붕괴하면서 냉전 체제는 소멸되었다.

뉴딜 정책
미국의 제32대 대통령인 루스벨트Franklin Delano Roosevelt(1882~1945)가 당시 대공황 극복을 위해 정부의 적극적인 경제 개입을 추진한 경제 정책.

미국 : 세계의 강국, 그러나 불평등의 심화

지금 세계 최고 강국으로 미국을 꼽는 데 토를 달 사람은 별로 없을 것이다. 미국은 지난 20세기의 냉전 시대부터 자본주의 진영의 정치적·경제적 맹주였으며, 냉전 체제가 무너진 후에는 더욱 독보적인 강국으로 자리 잡았다. 무엇보다 자본주의에 관한 한 미국이 가장 전형적이고 앞서 나가 있는 나라임은 틀림없는 사실이다.

그러나 그 미국도 경제 위기로 세계 제일의 나라라는 자리에서 내려와야 하는 것이 아닌가 우려하던 시절이 있었다. 1970년대에서 1980년대까지 미국은 무역 적자 및 정부 재정 적자, 국내 산업들의 경쟁력 상실 등으로 인해 오히려 유럽이나 일본에 추월당할 것처럼 보였다. 당시 미국에서는 '일본을 배우자'라는 말이 유행하기까지 했다. 그러나 그 후 미국 경제가 회복되어 유럽이나 일본보다 더 좋은 성과를 내면서 그런 목소리는 사라졌다.

사실 자본주의 선진국들 사이에서 가장 일찍 그리고 가장 적극적으로 정책 전환을 한 나라가 미국이다. 미국도 1930년대에 뉴딜 정책을 시작으로 케인스주의적 경제 패러다임을 받아들였고, 사회 복지나 노동조합의 보호 등 노동자를 위한 정책을 폈다. 그러나 유럽에 비해 미국에서는 사회 통합과 연대보다는 경제에 더 큰 무게가 놓여 있었다. 미국에서는 사회주의 이념의 영향력이 크지 않았고 자유주의적 전통이 강했기 때문이다. 그래서 1980년대에 접어들어 케인스주의적 정책이 한계에 도달하게 되자, 미국은 재빨리 케인스주의 패러다임을 버리고 신자유주의의 첨병이 되었다. 그리고 그런 앞선 정책 전환으로 경제 회복에 성공하게 되었다. 따라서 미국은 지금의 경제 흐름에서는 노동자 복지보다는 자유로운 시장 경쟁을 중시하면서 기업의 이윤을 최대화하는 것이 더 효과적이라는 주장이 나올 때마다 근거로 제시되는 나라이기도 하다.

하지만 문제는 좋은 경제적 지표 아래 감춰진 부작용도 만만치 않다는 것이다. 무엇보다도 경제적 불평등이 심화되었다. 노동 소득이 줄어들고 자본 소득이 늘어나면서 자산가들과 노동자들 사이의 소득 격차가 커진 것은 말할 것도 없고, 노동자 계층 내의 불평등도 심각해졌다. 미국의 노동자 계층 내의 지니 계수는 신자유주의로 전환한 1980년대 이래 계속 높아져서 현재는 0.47에 이르고 있는데, 보통 지니 계수가 0.4 이상이면 불평등이 심각한 수준, 0.45가 넘으면 매우 심각한 수준이라고 평가된다. 미국은 자본주의 선진국들 중에서 노동자 계층의 불평등이 가장 심한 나라다.

미국 노동자들 사이의 이러한 불평등은 비정규직의 확산과 관련이 있다. 사실 미국의 비정규직 노동자들은 서유럽 다른 선진국들의 경우에 비해 훨씬 더 많은 차별을 받고 있는데, 이는 미

정리해고제
인원 감축을 위한 해고를 가능케 하는 제도. IMF 경
제 위기 직후인 1998년에 법제화되었다. 기업은 급박
한 경영상의 위기 상황에서 스스로 극복하려는 노력
을 한 후에도 인원 감축이 필요하다고 판단되면 직원
들을 해고할 수 있다.

국의 법과 제도가 유럽과 많이 다른 데서 기인한다.

첫째, 의료 보험이나 연금 같은 사회 보험을 유럽에서는 국가
가 담당하는 반면에 미국에서는 주로 기업이 담당한다. 따라서
번듯한 직장에 정규직으로 다니지 못하면 이런 혜택을 받지 못
할 가능성이 높다. 사실 미국에서는 유럽과 달리 정규직이라고
해도 고용이 확실하게 보장돼 있는 것이 아니다. 한국의 정리해
고제와 비슷하게 기업 경영이 어려우면 정규직의 대량 해고가
가능하며 또 기업이 자주 그렇게 해고를 하기 때문이다. 그런데
도 미국의 기업들이 비정규직을 선호하는 것은, 사회 보험에 들
어가는 비용을 절감할 수 있어서다. 비정규직 직원들에 대해서
는 사회 보험을 들어줄 필요가 없기 때문이다. 결국 비정규직은
정규직에 비해 그만큼 불이익을 받는다.

둘째, 유럽과 미국은 노동조합과 기업 간 단체 협약의 적용 비
율에서 큰 차이가 있다. 기업이 알아서 직원들의 처우를 정할 때
보다, 노동조합이 있어 노동자들의 이익을 대변하면서 교섭할
때 노동 조건이 훨씬 더 좋아지리라는 것은 당연하다. 앞서 말
했듯이 비정규직은 정규직에 비해 노동조합에 가입하는 비율이
훨씬 낮지만, 유럽에서는 노동조합이 대표성을 인정받고 있어
서 노동조합에 가입하지 않은 노동자들도 노동조합의 교섭에 의
한 단체 협약에 따라 대우가 결정된다. 결과적으로 유럽의 나라
들에서는 노동조합이 이끌어낸 단체 협약의 적용률이 적어도 60

영국의 노동조합
유니슨UNISON이
옥스퍼드에 집결한
모습

퍼센트 이상이며, 높은 경우 80~90퍼센트에 이르기도 한다. 반면 미국에서는 노동조합 비조합원에게는 단체 협약이 적용되지 않기 때문에 이 비율이 10퍼센트대에 불과하다. 비정규직은 노동조합에 가입하는 일이 드물다는 점을 고려하면, 이로 인해 정규직과 비정규직 사이의 격차는 더 벌어지게 된다. 정규직은 노동조합을 통해서 좀 더 좋은 고용 조건을 얻어낼 수 있으나, 비정규직은 그것도 할 수 없는 것이다.

한국은 이 두 가지 점에서 미국에 훨씬 가깝다. 한국도 사회보험을 기업이 보조해주도록 되어 있는데, 정규직의 사회 보험 적용률은 90퍼센트를 넘는 반면 비정규직은 30퍼센트대에 불과하다. 즉 대체로 기업들이 비정규직 직원에 대해서는 사회 보험

을 들어주지 않고 있는 것이다. 또한 한국에서도 미국처럼 노동
조합의 단체 협약이 비조합원에게는 적용되지 않으며, 단체 협
약 적용률도 10퍼센트대에 불과하다. 따라서 비정규직과 노동
조합에 가입한 정규직 간의 격차가 크게 벌어질 수밖에 없다. 즉
한국에서 비정규직의 확산은 미국처럼 극심한 불평등으로 이어
질 가능성이 높은 것이다.

2

한국의 비정규직 법 논쟁

비정규직의 허용과 제한

다른 나라의 사례들에서 본 것처럼, 비정규직 문제는 법과 제도의 영향을 많이 받는다. 비정규직의 확대는 세계적 현상이지만, 그 확산 정도와 정규직과의 격차 등은 무엇보다도 각 나라의 노동 관련 법과 관련이 있다. 한국에서도 비정규직이 점점 늘어나고 정규직 고용을 더 이상 전형적인 것으로 생각할 수 없게 되자, 비정규직 고용에 대한 법적 규정들을 만들어야 한다는 인식이 형성되었다.

원래 한국의 노동법은 정규직에 대한 해고의 조건이 까다로운 반면에 기간제 고용에 대한 제한은 없었으며, 그 대신에 간접 고용은 금지하고 있었다. 이 노동법이 크게 바뀐 것은 1998년 경제 위기 직후였다. 정리해고제의 도입으로 미국처럼 기업 경영이 힘들 때면 정규직이라도 해고하는 것이 가능해졌고, 파견법이 제정되어 일부 업종에서 간접 고용이 허용되었다.

그렇지만 정리해고제가 도입되었어도 기업들은 주기적으로 해고의 기회를 가질 수 있는 기간제 고용을 훨씬 더 선호했고, 결국 기간제 비정규직이 가장 광범위하게 확산되었다. 이에 따라 기간제 고용에 대한 법적 규정을 새로 만들어야 한다는 여론이 높아졌다.

비정규직이 크게 늘어난 만큼 비정규직에 관한 법을 만들고 정비해야 한다는 인식은 널리 퍼졌지만, 그 방향에 대해서는 완전히 상반된 견해들이 맞서고 있다. 기업 측에서는 비정규직 고용을 마음대로 할 수 있게 해달라고 요구한다. 현재의 경제 상황에서 직원을 정규직으로 고용하는 것은 기업에 너무 큰 부담이 되며, 결국 경제에도 도움이 되지 않는다는 이유에서다.

반대로 다른 한편에서는 유럽처럼 비정규직을 고용해야 할 특별한 사유가 있지 않은 한 비정규직 채용을 금지해야 한다고 주장한다. 일시적이거나 임시적인 일, 필요 노동력의 변동이 큰 일, 노동력의 수요와 공급이 불규칙한 일 등에서는 기간제나 단시간 시간제, 간접 고용 등의 비정규직이 필요한 것이 사실이다. 그런 사유들을 법으로 규정하고 이에 해당되지 않는 경우에는 비정규직 고용을 금지해야 한다는 것이다. 주로 노동자의 복지를 중시하는 노동계와 사회 양극화의 부작용을 우려하는 사람들이 이렇게 주장한다.

비정규직 법에 대한 논의가 일어난 후 1998년에는 '파견근로자 보호 등에 관한 법률'(파견법)이, 2006년에는 '기간제 및 단시간 근로자 보호 등에 관한 법률'(기간제법)이 제정되어 비정규직 고용에 대한 법적 정비가 이루어졌다. 이 비정규직 법들은 '기업 경영과 경제 활성화' 대 '노동자 복지와 사회 통합'이라는 양쪽 입장의 절충을 보여준다.

파견법은 특정한 업종들을 지정해 그에 한해 간접 고용을 허용하고 있다. 이에 대해서 경영계는 이러한 업종 제한을 철폐하거나 적어도 허용 업종을 확대해야 한다고 주장하고 있으며, 반대로 노동계는 지정된 업종들 중 일부는 특별히 간접 고용이 필요한 업종이 아니라며 간접 고용 허용 업종을 더 축소할 것을 주장하고 있다.

그러나 비정규직 법의 절충적 성격을 가장 잘 드러내는 것은 비정규직 고용의 기간 제한 규정이다. 이는 기간제 고용이나 간접 고용의 경우, 법이 정한 기간 동안 한 회사에서 계속 비정규직으로 일한 사람은 그 회사의 정규직으로 전환해주어야 한다는 규정이다. 그 기간이 2년이라고 할 때, 비정규직 직원이 1년씩 최대 2회 재계약을 하든 6개월씩 최대 4회 재계약을 하든 2년 이상 한 회사에서 일했다면 그를 정규직으로 전환해주어야 한다는 것이다.

이것은 노동계가 원하는 것과 같이 비정규직 고용을 꼭 필요

비정규직 고용 기간 제한의 허점

비정규직 고용 기간 제한을 규정한 법이 제정되자 기업들이 갑자기 회사에서 오래 일하고 있던 기간제 비정규직 직원들과의 계약을 해지했고, 이로 인해 오히려 많은 노사 분규가 발생했다. 예를 들어, 이랜드사 계열 유통 업체인 홈에버에서는 기간제 법의 효력 발효를 앞두고 기간제 직원들과의 계약을 해지하거나 그들을 간접 고용으로 전환하려고 시도했고, 이 때문에 이랜드 노동조합과 사회단체들이 2007~2008년 동안 이 유통 업체에 대한 불매 운동을 벌이기도 했다.

한 사유에만 제한시키는 것은 아니지만, 비정규직의 마구잡이 확산을 어느 정도 막을 수 있으리라는 취지에서 만들어진 규정이다. 여기에는 적어도 기업이 항시적으로 필요로 하는 노동력만큼은 정규직으로 전환될 수 있을 것이라는 기대가 깔려 있었다. 수량적 유연화가 중요하다고 하지만, 2년의 시한이 지나도 여전히 그만큼의 인력이 계속 필요하다면 그 인력은 사실상 항시적으로 필요한 수준이라고 생각할 수 있으므로 정규직으로 전환해도 될 것이다. 또 이는 직원의 일부를 비정규직으로 고용하는 것을 허용한 셈이어서 구조 조정이 필요할 때면 기업이 유연하게 인원 조정을 하는 것도 가능하다. 노동자의 입장에서도 일단은 비정규직으로 입사하지만 2년 후에는 정규직이 될 수 있는 것이니 나쁘지 않다. 한 회사에서의 비정규직 근무 기간 제한의 의도는 이러한 것으로서, 노동계가 주장하는 비정규직 고용의 사유 제한과 경영계가 주장하는 비정규직 고용의 완전한 허용 사이에서 절충한 것이라고 볼 수 있다.

그러나 현실적으로는 이런 취지가 무색해져, 이러한 규정이 오히려 비정규직을 확산시키고 비정규직의 불안정성을 심화한다는 비판이 나오고 있다. 이는 대부분의 기업들이 자사에서 2년 이상 일한 비정규직 노동자를 정규직으로 전환해주기보다는, 정규직 전환을 피하기 위해 2년이 되기 전에 계약을 해지해버리기 때문이다. 그리고 또다시 새로운 사람을 비정규직으로 채

정해진 기간 동안은 비정규직으로 고용하는 것이 가능하므로, 기업이 나중에 정규직으로 전환해주는 한이 있어도 우선은 무조건 비정규직으로 채용하려는 경향이 늘어났다. 결국 학교를 졸업하고 취업을 하려는 젊은이들은 처음부터 정규직으로 입사하기가 더욱 힘들어졌다.

용하는 것이다. 현실이 이렇게 전개되자 비정규직 노동자의 고용 상황은 예전보다 오히려 더 불안정해졌다. 이런 법 규정이 없던 때에는 비정규직 노동자는 비록 불안정하기는 해도 몇 번이고 계약을 갱신해가면서 오랫동안 한 회사에 다닐 수도 있었다. 그러나 이제 이런 것은 길어야 2년 동안만 가능한 이야기가 되었다. 이 기간이 끝나면 정규직이 되기는커녕 어김없이 실직자가 되어버리는 것이다.

게다가 일단 정해진 기간 동안은 비정규직으로 고용하는 것이 가능하므로, 기업이 설사 나중에 정규직으로 전환해주는 한이 있어도 우선은 무조건 비정규직으로 채용하려는 경향이 늘어났다. 정규직을 채용하려 했던 회사들도 이런 법이 생긴 이후 일단 비정규직을 뽑고 보는 경우가 많아졌다. 왜 안 그렇겠는가. 어쨌든 기업의 입장에서는 비정규직 고용이 정규직 고용보다 훨씬 이점이 많으니 말이다. 정규직 전환을 기대하고 입사한 비정규직 직원들은 비정규직으로 있는 기간 동안 회사에 잘 보이기 위해서 낮은 임금을 감수하면서도 열심히 일할 것이다. 나중에 이들을 정규직으로 전환해준다고 해도 적어도 그만큼은 기업의 이익이 된다. 결국 학교를 졸업하고 새로 취업을 하려는 젊은이들은

2009년 4월 고양시에서 개최된 모터쇼에서 한 자동차 회사 비정규직 노동자들이 해고에 항의하며 전시된 자동차에 피를 뿌리고 있다 © 민중언론 참세상

노동 위원회
노사 분쟁을 조정하고 판정하는 행정 기관. 중앙 노
동위원회와 지방 노동 위원회, 특별 노동 위원회 등
이 있다.

처음부터 정규직으로 입사하기가 더욱 힘들어졌다.

비정규직 고용의 기간 제한 규정은 이렇게 원래의 취지와는 정반대의 결과에 이르게 된 것이 문제다. 이 규정으로 인해 기업들이 비정규직 노동자를 주기적으로 해고하고 다시 새로운 비정규직 노동자로 대체하면서 비정규직 노동자의 고용 불안정성이 더욱 심화되었고, 또 기업이 정규직으로 채용하려 했던 인력까지 일단 비정규직으로 채용하는 쪽으로 방향을 바꾸면서 오히려 비정규직의 확산 가능성이 높아지게 된 것이다.

차별의 금지

또 비정규직 법은 비정규직 노동자에 대한 불합리한 차별을 금지하고 있다. 기간제나 단시간 시간제, 또는 간접 고용 노동자라고 해서 정규직에 비해 나쁜 처우를 받아서는 안 된다는 것이다. 만약 그런 차별을 당하면 비정규직 노동자가 노동 위원회에 문제를 제기해 시정을 요구할 수 있다.

같은 회사에서 같은 일을 하는데도 비정규직은 정규직에 비해 임금을 적게 받거나 기업 복지 혜택에서 제외되는 경우가 많았다. 누가 봐도 부당한 차별이지만, 마땅히 호소할 곳이 없었다. 기업의 입장에서는 근로기준법에 규정된 최소 기준만 지키면, 정규직 직원과 비정규직 직원을 어떻게 대우하든 문제 될 것이 없었다. 하지만 비정규직 법이 생기면서 차별의 시정을 요구할 법적 근거가 생긴 것이다.

그렇다고 해서 정규직과 비정규직의 임금이 꼭 같아지기는 어렵다. 승진이나 호봉 등에서 비정규직은 매우 불리할 수밖에 없기 때문이다. 다만 정규직과 비정규직의 임금 체계를 처음부터 달리해놓고 같은 회사 내에서 같은 일을 해도 비정규직에게는 훨씬 적은 임금을 주는 일 따위는 없어질 수 있게 되었다.

비정규직 법이 차별 금지를 규정한 것은 두 가지를 겨냥해서다. 첫째, 차별 금지는 비정규직의 대우를 개선하여 정규직과 비정규직의 격차를 줄일 수 있다. 정규직과 비정규직의 격차가 일하는 사람의 고통을 증가시킬 뿐 아니라 사회적 양극화에도 일조한다는 점을 생각하면 이 차별을 줄이는 것은 중요한 문제다.

둘째, 차별 금지는 비정규직의 무분별한 확산을 방지할 수 있다. 사실 기업은 굳이 비정규직을 고용할 필요가 없음에도 회사에 당당하게 대응하기 어려운 비정규직의 약점을 이용하고자 비정규직 고용을 선택하는 경우가 적지 않다. 즉 경제 상황 때문에 수량적 유연화를 꾀할 필요가 있는 것도 아니고 노동자에게 지불할 돈도 충분히 있는데, 비정규직이 노동자의 권리를 찾기 어렵다는 점을 노려 터무니없는 저임금으로 비정규직을 쓰는 것이다. 차별 금지가 이런 비정규직 고용의 남용을 방지할 수 있을 것이라고 기대된다.

그러나 비정규직 법의 차별 금지 규정에도 문제가 없는 것은 아니다. 법 조항이 말하는 "불합리한 차별"이 무엇인지의 기준이 분명치 않으며, 기업들이 이를 빠져나갈 방법은 얼마든지 있기 때문이다. 차별을 하면서 그것이 비정규직이기 때문이 아니라 다른 이유 때문이라고 주장할 수도 있다.

　정규직과 비정규직이 똑같은 일을 한다면 비정규직 차별 여부를 판단하기가 쉽다. 그러나 정규직과 비정규직이 서로 다른 일을 한다면 그것을 판단하기가 쉽지 않다. 따라서 차별 금지 조항을 빠져나가기 위해 기업이 취하는 가장 손쉬운 방법은 정규직과 비정규직의 일을 분리하거나 조금씩 다르게 만드는 것이다. 그렇게 하면 비정규직이라서 차별하는 것이 아니라 업무가 다르기 때문에 당연히 임금에서 차이가 나는 것이라고 주장할 수 있다. 실제로 많은 기업들이 비정규직 법 제정을 전후해 원래 정규직과 비정규직이 같이 어울려 하던 일들을 정규직의 일과 비정규직의 일로 분리하는 모습을 보였다.

권리로서의 사회 보장

사회 보장 정책은 케인스주의 시대에 경제 발전을 자극하는 방법이기도 했고, 또 사회의 안정을 유지하기 위한 통합 수단이기도 했지만, 근본적으로 '인간의 권리'라고도할 수 있다. 즉 인간이라면 누구나 안정적이고 버젓한 삶을 누릴 권리가 있다는 것이다. 사회의 구성원들이 기본적인 생활을 누리고 안정적인 삶을 유지할 수 있도록 하는 것이 바로 사회 보장이다.

물론 기본적인 생활의 기준은 사회의 발전 수준에 따라 매우 다르다. 주요 교통수단이 나귀인 나라에서는 공공 교통수단으로 차량을 제공할 수 없을뿐더러 그럴 필요도 없다. 이런 사회에서는 사람들이 굳이 차를 타고 이동하지 않아도 살아가는 데 지장이 없기 때문이다. 하지만 사회생활을 하려면 차를 타고 이동해야 하는 생활 방식의 나라에서는 차량을 이용하는 것이 사회적 권리가 될 수 있다. 따라서 자가용 승용차를 가질 수 없는 사람도 차를 타고 다닐 수 있도록 공공 교통수단으로 차량을 제공한다. 이 공공 교통수단과 관련해서는 경제적 효율성은 중요하지 않고, 가난한 사람이나 장애인이나 외딴 곳에 사는 사람들도 모두 이용할 수 있게 하는 것이 중요하다. 그리고 소득이 전혀 없는 사람도 적어도 공공 교통수단을 이용해 이동하는 것 정도는 할 수 있도록, 이런 사람들에게 제공되는 기초 생활비에 교통비가 포함된다. 이렇게 기본적인 삶에 대한 기준은 사회마다 다를지라도, 그 사회의 구성원인 한 누구나 최소한 어떤 수준 이상의 삶을 누릴 수 있도록 사회가 책임을 져야 하는데, 그것이 곧 사회 보장인 것이다.

'사회의 구성원이 갖는 권리'를 다른 말로 하면 시민권citizenship이다. 영국의 사회학자 마셜Thomas Humphrey Marshall(1893~1981)은 그래서 사회 보장을 시민권의 발전과 결부시켰다. 그에 따르면 근대 사회에서 시민권은 공민적 시민권civil citizen-ship, 정치적 시민권political citizenship, 산업적 시민권industrial citizenship, 사회적 시민권social citizenship의 순으로 발전해왔다. 공민적 시민권은 쉽게 말해서 자유권으로서 법 앞에 평등하고 법이 아닌 자의적인 권력에 구속되지 않을 권리이며, 정치적 시민권은 투표권과 같은 참정권이다. 산업적 시민권은 앞서 설명한 노동권에 해당한다. 마지막으로 사회적 시민권은 사회에서 버젓하게 살아갈 수 있는 기본적인 생활을 누릴 권리로서, 사회 보장은 이를 실현하는 수단이다.

노동권이 그러했듯이 사회 보장도 인간의 삶을 위한 권리라고 간주한다면, 경제적 측면과는 다른 면에서 이것을 볼 수 있다. 정규직이든 비정규직이든, 고용되었든 고용되지 못했든, 노동을 할 수 있든 없든 간에, 이 사회 속에서 살아가는 구성원은 누구나 기본적인 삶의 수준을 누릴 수 있어야 하는 것이다.

5장

비정규직, 어떻게 할까

비정규직 문제의 대책

법과 제도의 보완

비정규직이 이처럼 사회적으로 떠들썩한 논쟁거리가 되는 것은 그만큼 문제가 심각하다는 뜻이다. 이대로 방치해서는 안 된다는 뜻이기도 하다. 그렇다면 비정규직 확산으로 인해 생겨나는 문제들에 대응해 어떤 대책을 세워야 할까? 우선 비정규직에 대한 법과 제도를 규정하고 정비해야 한다. 앞에서 살펴본 것처럼 비정규직 법이 만들어졌지만, 이에 대한 논쟁은 진행형이다. 경영계와 노동계의 주장이 팽팽하게 대립하고 있을 뿐 아니라 사실 어느 쪽도 완전한 정답으로 판가름될 수 없는 문제인 만큼 이 논쟁은 앞으로도 계속될 수밖에 없다. 사회적으로 합의하고 절충해나가야 할 것이다. 또 사회적·경제적 상황이 변함에 따라 사람들의 생각이 변하면 합의의 내용과 방식도 달라질 수 있다. 법과 제도는 한번 정해지면 그것으로 끝나는 것이 아니라 끊임 비정규직 확산으로 인해 생겨나는 문제들에 대응해 어떤 대책을 세워야 할까? 우선 비정규직에 대한 법과 제도를 규정하고 정비해야 한다. 비정규직 법이 만들어졌지만 이에 대한 논쟁은 경영계와 노동계의 주장이 팽팽히 대립하는 가운데 아직 진행형이다.

없는 논쟁을 통해 수정돼야 하는 것이다.

이런 논쟁과 수정 과정에서 중요한 것은 문제점을 정확하게 포착하고, 법과 제도의 취지를 살리는 방향으로 계속 보완해나가는 것이다. 앞에서 보았듯이, 비정규직으로 일하는 기간을 제한하는 비정규직 고용 기간 제한 규정이 현실에서는 원래 취지와 달리 비정규직을 확산시키고 비정규직의 불안정성을 심화하는 결과를 낳기도 했다. 이것이 원래의 의도와 정반대의 결과를 낳아 만들어지지 않은 것보다 못한 규정이 되어버렸다면, 비정규직 고용 기간을 제한하는 다른 방식을 찾아야 한다. 이 법을 수정하는 데 있어서는, 단순히 기간을 몇 년으로 정할 것인가가 중요한 것이 아니라, 기간 제한 방식 자체가 핵심적이다. 노동계가 주장하는 비정규직 고용 사유 제한까지는 이루어내지 못하더라도, 일정 기간이 지나면 비정규직을 정규직화한다는 원칙을 노동자 개인에 대해서가 아니라 해당 업무나 고용 인원 등 일자리 자체에 대해서 부과하는 등의 새로운 방식이 논의와 수정을 거쳐 모색되어야 한다.

차별 금지 규정의 경우에도, 편법으로 빠져나갈 여지가 많다면 더 명확하고 제대로 된 기준을 마련해야 한다. 법의 취지를 실현하려면 정확한 기준을 논의하고 그 조건을 충족하지 못하는 경우에 대해 엄격하게 시정 조치를 취할 필요가 있다.

법과 제도는 사회 문제를 다루는 하나의 형식이다. 따라서 새로운 사회 현상이 나타나면 법과 제도를 새로이 만들거나 수정해야 하고, 이 과정은 사회 구성원들의 논의와 합의에 따라 이루어져야 한다. 비정규직에 대한 법과 제도도 이러한 측면에서 끊임없이 보완될 필요가 있다.

사회 보장 정책

이제 기업들은 가능한 한 정규직 직원을 고용하려 하지 않을 것이다. 케인스주의 시대와는 다른 지금의 경제 흐름 속에서 기업들에게 정규직 고용을 일방적으로 강요하기도 어렵다. 그렇다면 기업 대신 나라가 나서서 노동자의 삶을 안정시키는 방법이 있다. 사회 보장을 강화하는 것이다. 국가가 시행할 수 있는 사회 보장 정책으로는 다음 두 가지를 들 수 있다.

첫째, 국가가 공공 부문을 책임지고 제공하는 것이다. 공공 부문이란 소득 수준과 상관없이 모든 사람들에게 보편적으로 필요한 부문을 말한다. 사실 살아가면서 소득의 규모에 따라 줄여도 되는 소비들이 있다. 외식을 안 할 수도 있고, 자가용 없이 대중교통을 이용해도 무방하다. 하지만 몸이 아픈데도 돈이 없어서 병원에 갈 수 없다면? 돈이 없어서 학교를 못 다니게 된다면? 이것만큼 비참한 일이 없을 것이다. 한 가정의 살림살이에서 큰 비중을 차지하는 병원비나 자녀들 학비는 형편이 어렵다고 해서 교육이나 의료 같은 부문은 잘사는 사람에게나 못사는 사람에게나 똑같이 필요한 것이고 삶의 가장 기본적인 영역과 관련된 것이다. 모든 사람의 인생에서 꼭 필요한 이러한 부문들을 국가가 공평하게 제공해준다면, 사람들의 삶은 훨씬 나아질 것이다.

줄이기도 어렵다. 교육이나 의료 같은 부문은 잘사는 사람에게나 못사는 사람에게나 똑같이 필요한 것이고 삶의 가장 기본적인 영역과 관련된 것이다. 이런 부문을 모든 구성원이 공평하게 누릴 수 있도록 국가가 책임져주는 것이다. 모든 사람의 인생에서 꼭 필요한 이러한 부문들을 국가가 공평하게 제공해준다면 사람들의 삶은 훨씬 나아질 것이다.

1930~1940년대 미국에서 제작된 사회 보장 포스터

  둘째, 국가가 사회 보험을 책임지는 것이다. 미래에 대한 걱정이 없어야 마음 편히 살 수 있는 법. 어려워질 때를 대비하는 것이 사회 보험이다. 실직에 대비하는 실업 보험, 노후를 대비하는 노령 연금, 병에 걸렸을 때를 대비하는 의료 보험, 장애인이 되었을 경우에 대비하는 장애 연금 등이 사회 보험에 속한다. 물론 개개인이 미래를 위해 저축을 하고 보험을 들기도 한다. 하지만 현재 여윳돈이 없는 사람들은 그런 대비를 하기 힘들고, 결국 어려운 상황이 닥쳤을 때 낭패를 당하기 쉽다. 이처럼 취약한 계층을 위해 사회 보험을 의무화하고 국가가 책임지는 것이 필요하다. 한국에서도 현재 사회 보험을 운영하고 있고 확대하고 있기는 하지만, 아직 부족한 점이 많다. 예를 들어 건강 보험이나 고용 보험은 기업이 보험료를 공동 부담하고 있는데, 비정규직은 회사로부터 이런 보조를 받지 못하

한국의 경우 교육과 의료의 공공성 수준은 낮은 편이다. 교육 부문에서는 국가가 중학교 교육까지만 책임지고 있으며, 의료 부문에서도 병원비의 일부를 보조하는 건강 보험을 운영하는 정도에 그치고 있다. 유럽과 같이 교육과 의료 공공성 수준이 높은 나라들에서는 모든 교육비와 의료비를 개인 부담이 거의 없이 국가가 책임지고 제공한다.

는 경우가 많다. 또 국민 연금을 비롯한 각종 연금 제도가 있지만, 운영 실태를 보면 그것에 의지해 안심하고 살아갈 만한 액수가 못 된다. 따라서 현실에서 실효를 거둘 수 있도록 국가가 책임지고 강력하게 사회 보험을 확대해야 한다.

물론 사회 보장 정책은 모든 노동자, 아니 모든 국민에게 공평하게 적용되며 모두를 이롭게 하지만, 특히 비정규직 노동자들에게 가장 절실하다. 교육이나 의료의 공공성이 확립되면 가장 즐거워할 사람들은 비정규직 노동자들이다. 기본적인 생계도 어려운 절대 빈곤층은 대개 비정규직으로도 일하지 못하는 사람들인데, 이들에게는 또 다른 방식의 복지 정책이 필요하다. 또 소득이 많은 사람들은 나라에서 도와주지 않아도 얼마든지 여유롭고 풍족하게 살 수 있다. 결국 생계는 꾸릴 수 있지만 교육·의료 부문의 목돈 지출에는 부담을 느끼는 비정규직 노동자들이 상대적으로 가장 큰 혜택을 입게 된다.

고용이 보장되어 있지 않고 미래가 불안한 비정규직 노동자들에게는 보험이 특히 필요하다. 그러나 비정규직은 임금이 낮아서 오히려 정규직에 비해 개인 차원에서 저축을 하거나 보험을 들 여유가 없다. 이런 딜레마의 상황에서 국가가 사회 보험을 책임지고 맡아준다면, 비정규직 노동자들은 훨씬 안정된 생활을 할 수 있다. 즉 비정규직이 널리 퍼져 있는 시대에는 사회 보장이 더욱 중요한 의미를 지니는 것이다.

노동조합의 확대

앞에서도 보았듯이 비정규직은 노동조합 조직률이 매우 낮다. 하지만 노동조합은 노동자의 권리이자 노동자의 이익을 대변하는 기구로서 매우 중요하다. 비정규직의 노동조합 조직률이 높아져야 비정규직 노동자도 기업과 당당하게 거래할 수 있을 것이고 정규직과의 격차도 줄어들 것이다. 비정규직이 노동조합을 만들거나 기존의 노동조합 조직에 가입하는 일이 늘어나기 위해서는 다음 세 가지 측면에서 변화가 필요하다.

우선 비정규직 노동자들 스스로가 적극적으로 노력해야 한다. 노동조합 가입을 어렵다고 포기하거나 정규직이나 하는 일로 여기지 말고, 스스로 권리를 찾기 위해 노력해야 한다. 현재 튼튼하게 기반이 잡혀 있는 정규직 노동조합들도 처음 만들어질 때는 많은 어려움을 겪었다. 노동자의 권리를 자각하고 먼저 나서서 헌신한 이들이 있었기에 노동조합이 만들어지고 지금의 힘을 갖추게 된 것이다. 비정규직 노동자들도 힘들다고 피하지만 말고 적극적으로 노력한다면 결실을 맺을 수 있다.

다음으로, 정규직이 다수를 차지하고 있는 노동조합의 체계와 관행이 변해야 한다. 현재 상당수의 노동조합이 같은 회사의 비정규직 노동자들을 조합원으로 받아들이지 않고 있다. 기업뿐아니라 노동조합도 비정규직을 차별하고 있는 것이다. 그래서

2004년에 열린 비정규노동자대회

비정규직 노동자들 스스로가 적극적으로 노력해야 한다. 노동조합 가입을 어렵다고 포기하거나 정규직이나 하는 일로 여기지 말고, 스스로 권리를 찾기 위해 노력해야 한다.

비정규직 노동자들이 노동조합에 가입하고 싶어도 하지 못하거나, 정규직 조합과 다른 조직을 따로 만들어야 하는 경우들이 생긴다. 하지만 노동조합이 노동자들의 단결된 힘을 바탕으로 할 때 비로소 기업과 대등한 입장에 설 수 있다는 사실을 생각해보면, 비정규직을 지금과 같이 차별하고 배제하는 것은 심각한 문제를 안고 있다. 이는 노동조합 본래의 의미에 어긋날 뿐 아니라, 비정규직이 많아지면 정규직만으로 구성된 노동조합은 점점 힘을 잃게 될 것이기 때문이다. 이런 점을 생각해서라도 노동조합의 정규직 조합원들은 비정규직과 함께해야 한다.

그런데 노동조합이 비정규직의 가입을 허용하는데도 비정규직 노동자들이 가입하지 않는 경우도 많다. 어차피 회사에 오래 다니지 못할 것이므로 노동조합에 참여하는 것이 번거롭다고 생각하는 것이다. 이런 문제를 해결하기 위해서 노동조합을 기업별로 만들지 않고 산업별 혹은 지역별로 만드는 것을 생각해볼 수 있다. 예를 들어 간호사나 의료 기사 등으로 구성된 병원 노동자들이라면, 병원별로 노동조합을 구성하는 것이 아니라, 전국 또는 지역 단위로 병원들을 한데 묶어 의료 산업 노동조합을 구성하는 것이다. 이 부문의 비정규직 노동자들은 한 병원에서 오래 일할 수는 없지만, 계약 기간이 끝나면 또다시 다른 병원에서 일을 시작하는 경우가 대부분이다. 이때 이 비정규직 노동자가 의료 산업 노동조합에 가입해 있다면 다른 병원으로 옮기게

산업별·지역별 노동조합

건설 산업 노동조합은 비정규직 노동자들을 이런 방식으로 조직한 모범적인 사례다. 건설 부문에서는 일용직 노동자들이 많고 한 회사에서 오래 일하지 않는다. 건설 공사가 끝나면 다른 곳으로 떠나야 하는 것이다. 따라서 건설 산업 노동조합은 지역별로 일용직 노동자들을 가입시켜 지역 건설 현장의 기업들과 교섭하고 있으며, 그 노동자들이 다른 지역으로 이주하면 그 지역 노동조합에 자동적으로 가입되도록 하고 있다.

2008년 6월
'한국노총 전국건설·
기계 노동조합 생존권
사수 결의대회'에서
조합원들이 총파업을
선언했다 ⓒ 한국노총

되더라도 계속 조합원으로서 보호를 받을 수 있다. 지금도 기업별 조직이 아니라 산업별 또는 지역별 조직을 갖춘 노동조합이 적지 않게 존재하며, 전반적으로 노동조합이 후자의 형태로 변화하고 있다. 노동조합도 비정규직을 조합원으로 확보하기 위해 비정규직에게 적합하지 않은 기업별 조직 구성을 바꾸는 등 적극적인 노력을 기울여야 한다.

마지막으로, 노동조합의 권리를 보장하는 제도에서 비정규직에 걸맞지 않거나 그들에게 적용되지 않는 부분을 보완해나가야 한다. 앞서 3장에서, 간접 고용 노동자들은 노동조합을 만들어봤자 그들이 실제로 일하는 곳이자 그들의 노동 조건을 더 크게 좌우하는 곳인 사용 기업과의 교섭이 어렵기 때문에 노동조합의 실효가 떨어진다는 점을 지적했다. 또 특수 고용 노동자들은 형식상 기업에 고용된 사람이 아니라 개인 사업자로 되어 있어서 노동 3권을 완전히 보장받지 못한다는 사실도 살펴보았다. 이는 관련 규정들이 정규직을 일자리의 전형으로 간주하던 시대에 만들어진 탓이다. 그러나 지금은 더 이상 정규직이 일자리의 전형이 아니다. 따라서 노동조합의 실효가 다양한 비정규직 고용 형태에까지 미치도록 규정을 확대해야 한다.

2

좋은 사회, 좋은 나라

지금까지 비정규직의 유형, 발생 원인, 문제점과 가능한 대책 등을 살펴보았다. 이것은 비정규직이라는 개념을 가지고 현대 자본주의 경제의 구조와 사람들이 살아가는 방식, 즉 이 사회를 들여다본 것이다.

그런데 왜 이런 작업이 필요한가? 비정규직에 대해 알아서 어쩌자는 것인가? 달리 말하면, 무엇 때문에 이 책을 쓰고 또 읽는 것인가? 대답은 간단하다. 우리가 살고 있는 이 세상을 좀 더 명확히 이해하기 위해서이며, 그렇게 함으로써 좀 더 좋은 세상을 만들기 위해서이다.

우리는 흔히 사회나 국가라는 말을 추상적이거나 거창한 의미를 담아 쓰곤 하지만, 사회와 국가는 본래 '사람들의 모임'을 가리키는 말이다. 책을 마무리하면서 사회와 국가의 의미를 생각해보는 것은 두 가지 이야기를 하고 싶어서다.

우선, 사회적 현상이라는 것은 아무리 복잡하고 어쩔 수 없는 것처럼 보여도, 근원을 캐보면 결국 사람의 생각과 행동에서 만들어진 것이라는 점이다. 비정규직의 확산은 자본주의의 흐름에 따라 자연스럽게 발생한 현상처럼 보이기도 한다. 하지만 인간의 사회에서 자연적인 것이란 없다. 따지고 보면 자본주의 경제 체제나 고용이라는 방식도 인간 사회의 발명품이 아닌가. 비정규직이라는 현상도 마찬가지다. 더 많은 이윤을 얻어내려는 기업 경영자들의 전략, 사람들의 행동을 규제하는 법과 정책의 입안, 노동자들의 고통과 희망, 이런 것들이 얽히고설켜 비정규직이라는 현상이 생겨나고 사회적 논란으로 떠오르게 된 것이다.

둘째, 그렇다면 사회적 현상을 사람들의 행동과 노력으로 다시 바꾸는 것도 가능하다는 점이다. 노력의 목표는 분명하다. 좋은 사회 좋은 나라라는 것은, 그 안에 살고 있는 사람들이 행복하다는 뜻이나 다름없다. 물론 한 사회나 한 나라의 사람들이 모두 행복하거나 모두 불행하다는 것은 있을 수 없는 일이다. 하지만 행복하고 만족한 사람들이 많을수록 좋은 사회이고, 그렇게 되도록 노력하는 것이 바로 국가의 역할임은 분명하다.

지금까지 살펴보았듯이 비정규직 문제를 단번에 해결해줄 수 있는 정답은 없다. 그럼에도 비정규직에 대해 문제를 제기하고 고민하는 것은 그로 인해 고통 받는 사람들이 많기 때문이다. 비정규직에 대해서 알고자 하는 것은 그 고통을 없앨 방법을 찾기 위해서다.

앞으로 고용 방식이 점점 더 다양해져, 정규직을 일자리의 전형으로 보는 인식도 달라질 것이다. 정규직과 구분해 부르는 비정규직이라는 말도 아예 없어질지 모른다. 정규직이든 비정규직이든, 어떤 일자리나 고용 방식이든, 또 어떻게 노동을 하든 중요한 것은 모두가 행복하고 즐겁게 일할 수 있는 세상이 되어야 한다는 것이다. 이를 위한 방법을 모색하고자 노력하는 것이 사회와 국가의 임무이자, 그 안에서 살아가는 우리가 할 일이다.

● 개념의 연표-비정규직(한국)

- 1987 | 노동자 대투쟁
  강력한 노동조합들의 탄생. 기업 내부 노동 시장과 정규직 형성의 계기
  한국에서 노동조합이나 근로기준법 등 노동자의 권리는 법적으로는 보장되어
  있었으나, 오랜 군사 독재 정권 시절을 보내면서 실질적으로는 유명무실한 상
  태였다. 노동권을 주장한 노동 운동가들은 탄압받기 일쑤였다. 1971년에 노동
  조합을 만들려다 실패해 "근로기준법을 준수하라!"라고 외치며 분신자살한 노
  동 운동가 전태일의 사례가 그런 상황을 극명하게 보여준다.
  그러나 1987년에 이르자 정치적인 민주화 국면에서 그동안 억눌려왔던 노동자
  들이 폭발해 파업과 투쟁을 시작했는데, 이를 노동자 대투쟁이라고 부른다. 이
  투쟁을 계기로 많은 기업에서 노동조합이 설립되었다.
  또 노동자 대투쟁을 계기로 노동자의 권리가 실질적으로 보장받게 되면서, 직
  원을 함부로 해고하지 않는 기업 내부 노동 시장이 형성되었다. 그 이전에는 형
  식상 정규 직원이라고 해도 실제로는 기업 마음대로 해고하거나 노동 조건을
  결정하는 것이 가능했기 때문에, 정규직과 비정규직의 차이가 거의 없었다고
  봐도 무방하다. 결국 노동자 대투쟁을 계기로 노동권을 보장받는 정규직과 그
  렇지 못한 비정규직 간의 격차가 발생하게 되었다.

- 1997 | IMF 경제 위기
  경제 위기로 인해 국제통화기금(IMF)으로부터 구제 금융을 받다
  외채에 대한 외환 보유액이 부족한 외환 위기가 발생해 1997년 11월에 국제통
  화기금으로부터 구제 금융을 대출받는 상황에 이르렀다. 당시 많은 기업들이
  도산하거나 인원을 감축하여 실업자가 대규모 발생했다. 국제통화기금이 구제
  금융 대출의 조건으로 노동 시장 규제 완화 등의 정책을 이행할 것을 요구했기
  때문에, 간접 고용을 합법화한 파견법이나 정리해고제가 이때 도입되었다. 또
  이때의 경험으로 기업들은 쉽게 인원 감축과 구조 조정을 할 수 있는 비정규직
  고용을 선호하게 되었다.

- 1998 | '파견근로자 보호 등에 관한 법률' 통과
  간접 고용의 합법화
  그동안 엄격하게 금지되었던 근로자 파견이 합법화되었다. 이 법은 파견 허용
  업종을 23개로 제한하고 기간도 2년으로 제한했다.

- 1999 | 통계청 경제활동인구조사
  비정규직 노동자가 정규직 노동자보다 더 많아지다
  경제활동인구조사의 임금 근로자 중 종사상 지위 분류에서 상용직이 48.3퍼센
  트, 임시 · 일용직이 51.7퍼센트로 나타나 임시 · 일용직이 상용직보다 많아졌
  다. 한국에서 상용직은 1980년대 이후 계속 증가해 1995년에 58.1퍼센트로 최
  고점을 기록했으나, 그 후 점차 줄어들어 1999년에 처음으로 절반 이하로 떨어
  진 것이다. 이 조사 결과는 비정규직이 정규직보다 더 많아졌다는 증거가 되어
  사회적인 관심을 불러일으켰다. 그 후 임시 · 일용직을 다 비정규직으로 간주할

수 없다는 주장이나 반대로 상용직을 다 정규직으로 간주할 수 없다는 주장이 맞서면서 비정규직의 정의와 개념에 대한 논란이 불거졌다.

- **2000 | 한국통신 계약직 투쟁**
  비정규직 문제를 사회적으로 알리다
  한국통신의 계약직 노동자들은 정규직과 같은 일을 하면서도 차별을 받아왔다. 기업 구조 조정으로 계약직들이 대량 해고되자, 계약직 노동자들은 노동조합을 만들어 이후 2년 동안 장기 투쟁을 지속했다. 결국 해고가 취소되지 않고 노동자들의 투쟁은 실패로 끝났으나, 이는 비정규직 문제를 사회적으로 인식시키는 계기가 되었다. 즉 정규직과 같은 일을 하면서도 비정규직이 차별을 받는 문제, 구조 조정 시 비정규직의 대량 해고 문제 등이 사회적 논란거리가 되었다. 또 한국통신 노동조합이 계약직 노동자들의 노동조합 가입을 받아주지 않아 계약직 노동자들이 따로 노동조합을 만들 수밖에 없었다는 점에서, 노동조합이 비정규직을 차별하고 있다는 비판의 목소리도 높아졌다.

- **2000 | 근로 형태에 관한 경제활동인구부가조사 실시**
  비정규직 유형과 규모의 추산이 가능해지다
  비정규직 규모에 대한 논쟁이 발생하자, 통계청의 경제활동인구조사 외에 매년 다양한 근로 형태에 관한 부가 조사를 따로 실시하게 되었다. 이 통계를 통해 비정규직의 다양한 유형과 규모를 추산할 수 있게 되었지만, 비정규직을 규정하는 기준에 대한 논란은 계속되고 있다.

- **2001 | 노사정위원회의 비정규직근로자대책특별위원회 설치**
  비정규직 문제에 대한 사회적 논의 기구를 제도화하다
  비정규직 문제가 사회적으로 부각된 것을 반영해, 노사정위원회가 비정규직근로자대책특별위원회를 설치했다. 이즈음에 비전형·비정형·불안정 노동자 등의 용어와 혼용되던 비정규직이라는 용어가 굳어지게 되었다.

- **2006 | '기간제 및 단시간 근로자 보호 등에 관한 법률' 제정, '파견근로자 보호 등에 관한 법률' 개정**
  비정규직에 대한 법적 규정
  비정규직이 증가하면서 비정규직 고용에 대한 법적 규정이 있어야 한다는 여론이 높아졌다. 비정규직 법에 대한 논의는 2000년 노동조합총연맹과 시민 단체 등이 국회 청원을 넣으면서 시작되었고, 2004년에 정부가 법안을 마련해 입법을 예고했다. 그러나 경영계와 노동계의 입장이 팽팽히 맞서서 오랫동안 법안이 통과되지 못하다가 2006년 11월에야 통과되었다. 비정규직 법의 주요 내용은 비정규직 고용 기간 제한(2년)과 정규직과의 불합리한 차별 금지다. 그러나 이 기간 제한이 오히려 비정규직 고용을 확산시킨다는 노동계의 주장과 비정규직 고용에 대한 규제가 불필요하다는 경영계의 주장이 맞서는 가운데 비정규직 법에 대한 논쟁은 계속되고 있다.

비정규직 법의 문제점을 드러내다

비정규직 법의 시행을 앞두고 이랜드 계열의 홈에버 사가 비정규직을 대량 해고하자 노동조합이 파업에 들어갔다. 이 사건은 비정규직 고용 기간을 2년으로 제한하는 것이 비정규직을 보호하기보다는 오히려 2년마다 주기적으로 비정규직을 해고하게 만든다는 맹점을 널리 보여주었다. 또 이랜드 노동조합이 비정규직 노동자들을 조합원으로 받아들이고 비정규직 해고에 저항하는 파업을 정규직 조합원들이 함께 진행함으로써 이 사건은 정규직과 비정규직의 연대 사례로 주목받았다.

**Vita
Activa**

'비타 악티바'는 '실천하는 삶'이라는 뜻의 라틴어입니다. 사회의 역사와 조응해온 개념의 역사를 살펴봄으로써 우리의 주체적인 삶과 실천의 방향을 모색하고자 합니다.

비타 악티바 10

비정규직

초판 1쇄 발행 2009년 4월 30일
초판 4쇄 발행 2023년 1월 20일

지은이 장귀연

펴낸이 김현태
펴낸곳 책세상
등록 1975년 5월 21일 제2017-000226호
주소 서울시 마포구 잔다리로 62-1, 3층(04031)
전화 02-704-1251
팩스 02-719-1258
이메일 editor@chaeksesang.com
광고·제휴 문의 creator@chaeksesang.com
홈페이지 chaeksesang.com
페이스북 /chaeksesang   **트위터** @chaeksesang
인스타그램 @chaeksesang   **네이버포스트** bkworldpub

ISBN 978-89-7013-718-6 04300
     978-89-7013-700-1 (세트)